नये मौसम की ख़ुशबू

नये मौसम की ख़ुशबू

इफ़्तिख़ार आरिफ़

सम्पादक

शहरयार

महताब हैदर नक़वी

वाणी प्रकाशन

वाणी प्रकाशन

4695, 21-ए, दरियागंज, नयी दिल्ली 110 002

शाखा

अशोक राजपथ, पटना 800 004

फ़ोन: +91 11 23273167 फ़ैक्स: +91 11 23275710

www.vaniprakashan.in
vaniprakashan@gmail.com

NAYE MOUSAM KI KHUSHBOO
by Iftikhar Aariph
Edited by Shahryar, Mehtab Haidar Naqvi

ISBN : 978-93-5000-912-3
Shayari

प्रथम संस्करण

मूल्य : ₹ 295

ओम ऑफसेट प्लेटमेकिंग, दिल्ली-110093 में मुद्रित

वाणी प्रकाशन का लोगो मक़बूल फ़िदा हुसेन की कूची से

परिचय

इफ़्तिख़ार आरिफ़ पाकिस्तान के प्रमुख जदीद शायर हैं। शायरी में सूफ़ियाना रंग के साथ मज़हबी रंग का प्रयोग सब से पहले इफ़्तिख़ार आरिफ़ ने किया जो सत्तर के दशक में एक नया प्रयोग था। तहज़ीब, परम्परा और धार्मिक किरदारों को अपनी शायरी का विषय बनाने तथा लखनऊ के अदबी-तहज़ीबी माहौल के असर से इफ़्तिख़ार आरिफ़ की भाषा में पवित्रता तथा व्यक्तित्व में रख-रखाव पैदा हुआ। पाकिस्तान में शायरों ने इस लहजे की ख़ूब पैरवी की और धीरे-धीरे यही लहजा पाकिस्तान की नई उर्दू शायरी का मिज़ाज बन गया। शायरी के इस रंग में इतना आकर्षण था कि कुछ भारतीय शायरों ने भी इसका असर लिया। आज भी जब कोई नौजवान नया-नया शायरी के मैदान में क़दम रखता है तो वह इफ़्तिख़ार आरिफ़ की शब्दावली और भाषा का प्रयोग कर उनके लहजे में शायरी करने की कोशिश करता है।

इफ़्तिख़ार आरिफ़ 21 मार्च, सन् 1943 ई. को लखनऊ (भारत) में पैदा हुए। उन्होंने लखनऊ विश्वविद्यालय से सन् 1962 ई. में बी.ए. तथा सन् 1964 ई. में एम.ए. (समाजशास्त्र) की शिक्षा प्राप्त की। इफ़्तिख़ार आरिफ़ का लखनऊ नासिख़, आतिश, अनीस, दबीर, शरर और चकबस्त जैसे अदीबों-शायरों और ख़ानदाने-इज्तेहाद तथा फिरंगी महल के धर्म गुरुओं का लखनऊ तो नहीं था लेकिन अब भी यहाँ उसके आसार मौजूद थे। लखनऊ अब भी बड़ी साहित्यिक गतिविधियों का केन्द्र था और यहाँ मसूद हुसैनी रिज़वी अदीब, एहतिशाम हुसैन, आले अहमद सरूर, अली अब्बास हुसैनी, रिज़वान अलवी और मौलाना अली नक़ी जैसी बड़ी हस्तियाँ मौजूद थीं, जिनके बीच रहकर इफ़्तिख़ार आरिफ़ ने साहित्य, तहज़ीब, रिवायत और मज़हब का पाठ पढ़ा, अपने व्यक्तित्व को सँवारा और निखारा।

लखनऊ विश्वविद्यालय से एम.ए. की परीक्षा देने के फ़ौरन बाद इफ़्तिख़ार आरिफ़ पाकिस्तान चले गये। यहाँ सन् 1977 ई. तक उन्होंने रेडियो पाकिस्तान तथा पाकिस्तान टेलीविज़न में काम किया। सन् 1977 ई. में वह लन्दन गये और सन् 1980 ई. तक बी.सी.सी.आई., लन्दन के जन सम्पर्क प्रशासक, तथा सन्

1980 ई. से सन् 1990 ई. तक उर्दू मरकज़, लन्दन के प्रभारी प्रशासक जैसे पदों पर आसीन रहे। इफ़्तिख़ार आरिफ़ ने उर्दू मरकज़, लन्दन को एक बहुत बड़े साहित्यिक केन्द्र के रूप में स्थापित किया। भारत एवं पाकिस्तान से लन्दन जाने वाले साहित्यकारों को मंच प्रदान किया। कान्फ्रेंसेज, सेमिनार एवं मुशायरों का आयोजन किया और महत्त्वपूर्ण पुस्तकें प्रकाशित कीं। सन् 1991 ई. में लन्दन से वापसी के बाद इफ़्तिख़ार आरिफ़ पाकिस्तान की प्रमुख साहित्यिक संस्थाओं के अध्यक्ष रहे। इस समय वह 'मुक़्तदरा क़ौमी ज़बान' जैसी महत्त्वपूर्ण संस्था के अध्यक्ष के रूप में भाषा और साहित्य की सेवा कर रहे हैं।

इफ़्तिख़ार आरिफ़ के चार काव्य संग्रह–'मेहूरे-दो नीम', 'हर्फ़े-बारियाब', 'जहाने-मालूम' तथा 'शहूरे-इल्म के दरवाज़े पर' प्रकाशित हो चुके हैं। 'किताबे-दिलो-दुनिया' के नाम से उनकी सम्पूर्ण शायरी का संग्रह भी प्रकाशित हो चुका है। उनकी लगभग सभी नज़्मों का अंग्रेज़ी में अनुवाद हो चुका है जिनको The twelfth man और Written in the season of fear के नाम से दो पुस्तकों के रूप में प्रकाशित किया गया है। उनकी साहित्यिक सेवाओं को देखते हुए पाकिस्तान सरकार ने उन्हें राष्ट्रीय एवं साहित्यिक पुस्कार प्रदान किए, जिनमें हिलाले-इम्तियाज़, सितारए-इम्तियाज़, आदम जी अवार्ड और नुक़ूश अवार्ड प्रमुख हैं। भारत में भी 'आलमी उर्दू कान्फ्रेंस' द्वारा सन् 1988 ई. में उन्हें 'फ़ैज़ इंटरनेशनल अवार्ड' प्रदान किया गया।

वाणी प्रकाशन पहली बार देवनागरी लिपि में इफ़्तिख़ार आरिफ़ की शायरी का संकलन प्रकाशित कर रहा है। आशा है प्रबुद्ध पाठकों को यह शायरी अवश्य पसन्द आएगी।

अलीगढ़

शहूरयार
महताब हैदर नक़वी

अनुक्रम

○

मेरे ख़ुदा मुझे इतना तो मोतबर कर दे
मैं जिस मकान में रहता हूँ उसको घर कर दे।

ये रोशनी के तआक़ुब[1] में भागता हुआ दिन
जो थक गया है तो अब उसको मुख़्तसर कर दे।

मैं जिंदगी की दुआ माँगने लगा हूँ बहुत
जो हो सके तो दुआओं को बेअसर कर दे।

सितारए-सहरी डूबने को आया है
ज़रा कोई मेरे सूरज को बाख़बर कर दे।

मैं अपने ख़्वाब से कट कर जियूँ तो मेरा ख़ुदा
उजाड़ दे मेरी मिट्टी को दर-बदर कर दे।

मेरी ज़मीन मेरा आख़िरी हवाला है
सो मैं रहूँ न रहूँ, इसको बारवर[2] कर दे।

---

1. पीछे, 2. फलदार।

○

बस्ती भी, समंदर भी, बियाबाँ भी मेरा है
आँखें भी मेरी, ख़्वाबे-परेशाँ भी मेरा है।

जो डूबती जाती है वो कश्ती भी है मेरी
जो टूटता जाता है वो पैमाँ भी मेरा है।

जो हाथ उठे थे वो सभी हाथ थे मेरे
जो चाक हुआ है वो गरेबाँ भी मेरा है।

जिसकी कोई आवाज़, न पहचान, न मंज़िल
वो क़ाफ़िलए-बे-सरो-सामाँ भी मेरा है।

मिट्टी की गवाही से बड़ी दिल की गवाही
यूँ हो तो ये ज़ंजीर, ये जिन्दाँ भी मेरा है।

समझ रहे हैं मगर बोलने का यारा नहीं
जो हम से मिल के बिछड़ जाए वो हमारा नहीं।

अभी से बर्फ़ उलझने लगी है बालों से
अभी तो क़र्ज़े-महो-साल भी उतारा नहीं।

बस एक शाम उसे आवाज़ दी थी, हिज़्र की शाम
फिर इस के बाद उसे उम्र भर पुकारा नहीं।

हवा कुछ ऐसी चली है कि मेरे वहशी को
मिज़ाज पुर्सिए-बादे-सबा गवारा नहीं।

समंदरों को भी हैरत हुई कि डूबते वक़्त
किसी को हमने मदद के लिए पुकारा नहीं।

वो हम नहीं थे तो फिर कौन था सरे-बाज़ार
जो कह रहा था कि बिकना हमें गवारा नहीं।

○

कहाँ के नामो-नसब, इल्म क्या, फ़ज़ीलत क्या
जहाँने-रिज़्क़[1] में तौक़ीरे-अह्ले-हाजत[2] क्या।

शिकम[3] की आग लिए फिर रही है शह्र-ब-शह्र
सगे-ज़माना[4] हैं, हम क्या, हमारी हिजरत क्या।

दमिश्क़े-मस्लहतो-कूफ़ए-नफ़ाक़[4] के बीच
फ़ुग़ाने-क़ाफ़िलए-बेनवा[5] की क़ीमत क्या।

मआले-इज़्ज़ते-सादाते-इश्क़ देख के हम
बदल गए तो बदलने पे इतनी हैरत क्या।

फ़रोग़े-सनअते-क़द आवरी का मौसम है
सुबुक हुए पे भी निकला है क़द्दो-क़ामत क्या।

---

1. रोज़ी-रोटी की दुनिया, 2. माँगने वाले, 3. पेट, 4. दमिश्क़ (सीरिया की राजधानी) की पालिसी और कूफ़े (इराक़ का एक शहर) की दुश्मनी, 5. बेसामान क़ाफ़िले की दर्द भरी आवाज़।

○

अब भी तौहीने-इताअत नहीं होगी हम से
दिल नहीं होगा तो बैअत[1] नहीं होगी हम से।

रोज़ इक ताज़ा क़सीदा नई तश्बीब[2] के साथ
रिज़्क़[3] बरहक़ है ये ख़िदमत नहीं होगी हम से।

दिल के माबूद जबीनों के ख़ुदाओं से अलग
ऐसे आलम में इबादत नहीं होगी हम से।

उजरते-इश्क़ वफ़ा है तो हम ऐसे मज़दूर
कुछ भी कर लेंगे, ये मेहनत नहीं होगी हम से।

हर नई नस्ल को इक ताज़ा मदीने की तलाश
साहबो! अब कोई हिजरत नहीं होगी हम से।

सुख़न-आराई की सूरत तो निकल सकती है
पर ये चक्की की मशक़्क़त नहीं होगी हम से।

---

1. मुरीद बनना, 2. पस्तावना, 3. रोज़ी।

हामी भी न थे, मुनकिरे-ग़ालिब भी नहीं थे
हम अह्‌ले-तज़बज़ुब[1] किसी जानिब भी नहीं थे।

इस बार भी दुनिया ने हदफ़ हमको बनाया
इस बार तो हम शह[2] के मुसाहिब[3] भी नहीं थे।

बेच आए सरे-क़रियए-ज़र[4] जौहरे-पिन्दार[5]
जो दाम मिले ऐसे मुनासिब भी नहीं थे।

मिट्टी की मुहब्बत में हम आशुफ़्तासरों ने
वो क़र्ज़ उतारे हैं जो वाजिब भी नहीं थे।

लौ देती हुई रात, सुख़न करता हुआ दिन
सब उस के लिए, जिस से मुख़ातिब भी नहीं थे।

---

1. शक करने वाले, दो दिले लोग, 2. बादशाह, 3. साथी, 4. दौलत की बस्ती में, 5. गर्व की चमक, ख़ूबी।

○

हब्से-शब हो तो उजाले भी तेरे शह्र से आएं
ख़्वाब देखूँ तो हवाले भी तेरे शह्र से आएं।

तेरी ही शह्र से सर तन से जुदा हो जाये
खूँबहा[1] माँगने वाले भी तेरे शह्र से आएं।

बात तो जब है कि ऐ गिरियाकुने-हुरमते-हर्फ़
मदहे-क़ातिल में मक़ाले भी तेरे शह्र से आएं।

महज़रे-जाँ-तलबी पर भी तेरे नाम की मोह्र
जान से जाऊँ तो नाले भी तेरे शह्र से आएं।

वक़्त अगर बैअते-हर संग पे इसरार करे
आइना माँगने वाले भी तेरे शह्र से आएं।

---

1. ख़ून की क़ीमत, 2. जान तलब करने का काग़ज।

○

ख़ल्क़ ने इक मंज़र नहीं देखा बहुत दिनों से
नोके-सिनाँ पर सर नहीं देखा बहुत दिनों से।

पत्थर पर सर रख के सोने वाले देखे
हाथों में पत्थर नहीं देखा बहुत दिनों से।

क़ातिल जिसकी ज़द से ख़ुद महफ़ूज़ रह सके
ऐसा कोई खंज़र नहीं देखा बहुत दिनों से।

जिंदाँ अह्ले-जुनूँ को शायद रास आ गया
दीवारों में दर नहीं देखा बहुत दिनों से।

ख़ाक उड़ाने वाले लोगों की बस्ती में!
कोई सूरतगर नहीं देखा बहुत दिनों से।

सच्चे साईं हमारे हज़रत मेह्र अली शाह
बाबा! हमने घर नहीं देखा बहुत दिनों से।

○

हिज्र की धूप में छाओं जैसी बातें करते हैं
आँसू भी तो माओं जैसी बातें करते हैं।

रस्ता देखने वाली आँखों के अनहोने ख़्वाब
प्यास में भी दरियाओं जैसी बातें करते हैं।

खुद को बिखरते देखते हैं कुछ कर नहीं पाते
फिर भी लोग ख़ुदाओं जैसी बातें करते हैं।

एक ज़रा सी जोत के बल पर आँधियारों से बैर
पागल दिये हवाओं जैसी बाते करते हैं।

रंग से ख़ुशबूओं का नाता टूटता जाता है
फूल से लोग ख़िज़ाओं जैसी बातें करते हैं।

क़िस्सा एक बसंत का

पतंगें लूटने वालों को क्या मालूम किसके हाथ का मांझा खरा था
और किस की डोर हल्की थी?
उन्हें इससे ग़रज़ क्या
पेच पड़ते वक़्त किन हाथों में लरज़ा आ गया था
और किस की खींच अच्छी थी?
हवा किस की तरफ़ थी,
कौन सी पाली की बेरी थी?
पतंगें लूटने वालों को क्या मालूम...
उन्हें तो बस बसंत आते ही अपनी-अपनी डाँगें लेके
मैदानों में आना है
गली-कूचों में काँटी मारना है
और पतंगे लूटना है, लूट के जौहर दिखाना है
पतंगों लूटने वालों को क्या मालूम किसके हाथ का माँझा खरा था
और किसी डोर हल्की थी?

एक रुख़

वो फ़ुरात के साहिल पर हों या किसी और किनारे पर
सारे लश्कर एक तरह के होते हैं
सारे खंज़र एक तरह के होते हैं
घोड़ों की टापों में रौंदी हुई रोशनी
दरिया से मक़्तल तक फैली हुई रोशनी
जले हुए ख़ेमों में सहमी हुई रोशनी
सारे मंज़र एक तरह के होते हैं
ऐसे हर मंज़र के बाद इक सन्नाटा छा जाता है
यह सन्नाटा तब्लो-अलम की दहशत को खा जाता है
सन्नाटा फ़रियाद की लय है, एहतिजाज का लहजा है
ये कोई आज की बात नहीं है, बहुत पुराना क़िस्सा है
हर क़िस्से में सब्र के तेवर एक तरह के होते हैं
वो फ़ुरात के साहिल पर हों या किसी और किनारे पर
सारे लश्कर एक तरह के होते हैं।

ख़ौफ़ के मौसम में लिखी गई एक नज़्म

वो तायर जो कभी अपने परो-बाल[1] आज़माना चाहते थे
हवाओं के ख़ादो-ख़ाल[2] आज़माना चाहते थे
आशियानों की तरफ़ जाते हुए डरने लगे हैं
कौन जाने, कौन सा सय्याद कैसी वज़अ[3] के जाल आज़माना चाहता हो
कौन सी शाख़ों पे कैसे गुल खिलाना चाहता हो
शिकारी, अपने बातिन की तरह अंधे शिकारी
हुरमतों के मौसमों से नाबलद[4] हैं
और निशाने मुस्तनद हैं
जगमगाती-जागती शाख़ों को बेआवज़ रखना चाहते हैं
सितमगारी के सब दर बाज़[5] रखना चाहते हैं
ख़ुदावन्दा! तुझे सहमे हुए बाग़ों की सौगंध
सदाओं के समर[6] की मुन्तज़िर शाख़ों की सौगंध
उड़ानों के लिए पर तोलने वालों पे इक साया तहफ़्फ़ुज की ज़मानत
देने वाला
कोई मौसम बशारत देने वाला!

---

1. पंख, 2. चेहरा-मोहरा, 3. बनावट, 4. अन्जान, 5. खुला, 6. फल

एक उदास शाम के नाम

अजीब लोग हैं
हम अहले-एतबार कितने बदनसीब लोग हैं
जो रात जागने की थी, वो सारी रात
ख़्वाब देख-देख कर गुज़ारते रहे
जो नाम भूलने का था उस एक नाम को
गली-गली पुकारते रहे
जो खेल जीतने का था वो खेल हारते रहे
अजीब लोग हैं
हम अहले-एतबार कितने बद-नसीब लोग हैं
किसी से भी तो क़र्ज़े-आबरु अदा नहीं हुआ
लहू-लुहान साअतों का फैसला नहीं हुआ
बरस गुज़र गए हैं कोई मोजज़ा नहीं हुआ

वो जल-बुझा कि आग जिसके शोलए-नफ़स में थी
वो तीर खा गया, कमान जिसकी दस्तरस में थी
सियाहे-मेहूर का फ़सीले-शब को इन्तज़ार है
कब आएगा वो शख़्स जिसका सबको इन्तज़ार है
हम अहले-इन्तज़ार कितने बदनसीब लोग हैं
अजीब लोग हैं
हम अहले-एतबार कितने बदनसीब लोग हैं

○

अज़ाबे-वह्शते-जाँ का सिला न माँगे कोई
नये सफ़र के लिए रास्ता न माँगे कोई।

बुलन्द हाथों में ज़ंजीर डाल देते हैं
अजीब रस्म चली है दुआ न माँगे कोई।

तमाम शह्र मुकर्रम, बस एक मुजरिम मैं
सो मेरे बाद मेरा ख़ूँबहा[1] न माँगे कोई।

कोई तो शह्रे-तज़ब्जुब के साकिनों से कहे
न हो यक़ीन तो फिर फिर मोजज़ा न माँगे कोई।

अज़ाबे-गर्दे-ख़िज़ाँ भी न हो, बहार भी आए
इस एहतियात से अज्रे-वफ़ा न माँगे कोई।

---

1. ख़ून की क़ीमत।

○

ये बस्ती जानी-पहचानी बहुत है
यहाँ वादों की अरज़ानी[1] बहुत है।

शगुफ़्ता[2] लफ़्ज़ लिक्खे जा रहे हैं
मगर लहजों में वीरानी बहुत है।

है बाज़ारों में पानी सर से ऊँचा
मेरे घर में भी तुग़ियानी[3] बहुत है।

न जाने कब मेरे सहरा में आए
वो इक दरिया कि तूफ़ानी बहुत है।

न जाने कब मेरे आँगन में बरसे
वो इक बादल कि नुक़्सानी बहुत है।

---

1. सस्ता, 2. खिला हुआ, 3. पानी का चढ़ना, सैलाब।

कहीं से कोई हर्फ़े-मोतबर शायद न आये
मुसाफ़िर लौटकर अब अपने घर शायद न आये।

क़फ़स[1] में आबो-दाने की फ़रावानी[2] बहुत है
असीरों को ख़याले-बालो-पर शायद न आये।

किसे मालूम अह्ले-हिज्र पर ऐसे भी दिन आएं
क़यामत सर से गुज़रे और ख़बर शायद न आये।

जहाँ रातों को पड़ रहते हों आँखें मूँद कर लोग
वहाँ महताब में चेहरा नज़र शायद न आये।

कभी ऐसा भी दिन निकले कि जब सूरज के हमराह
कोई साहब-नज़र आए मगर शायद न आये।

1. जेल, 2. अधिकता

○

अज़ाब ये भी किसी और पर नहीं आया
कि एक उम्र चले और घर नहीं आया।

उस एक ख़्वाब की हसरत में जल-बुझी आँखें
वो एक ख़्वाब कि अब तक नज़र वहीं आया।

करें तो किस से करें नारसाइयों का गिला
सफ़र तमाम हुअ हमसफ़र नहीं आया।

दिलों की बात बदन की ज़बाँ से कह देते
ये चाहते थे मगर दिल इधर नहीं आया।

अजीब ही था मेरे दौरे-गुमरही का रफ़ीक़
बिछड़ गया तो कभी लौट कर नहीं आया।

○

फूल महकें मेरे आँगन में, सबा भी आये
तू जो आए, तो मेरे घर में ख़ुदा भी आये।

इस क़दर ज़ख़्म लगाए हैं ज़माने ने कि बस
अब के शायद तेरे कूचे की हवा भी आये।

ये भी है कूचए-जानाँ[1] की रवायत कि यहाँ
लब पे शिकवा अगर आए तो दुआ भी आये।

मैंने सौ तरह जिसे दिल में छिपाए रक्खा
लोग वो ज़ख़्म ज़माने को दिखा भी आये।

क्या क़यामत है जो सूरज उतर आया सर पर
मेरी आँखों में दर आये तो मज़ा भी आये।

पिछले मौसम तो बड़ा कहूत रहा ख़्वाबों का
अब के शायद कोई एहसास नया भी आये।

---

1. प्रेमिका की गली।

○

इश्क़ कैसा कि भरोसा भी नहीं था शायद
इस से मेरा कोई रिश्ता भी नहीं था शायद।

ख़िल्क़ते-शह्र में जिस हार के चर्चे हैं बहुत
मैं वो बाज़ी कभी खेला भी नहीं था शायद।

ज़ीस्त करने के सब आदाब उसे अज़बर[1] थे
मुझ को मरने का सलीक़ा भी नही था शायद।

ख़ाक उड़ाते हुए बाज़ारों में देखा सब ने
मैं कभी घर से निकलता भी नहीं था शायद।

उसकी आँखों में बशारत थी नए ख़्वाबों की
मैं उसे देख के चौंका भी नहीं था शायद।

एक बादल कि मेरे नाम से मन्सूब हुआ
मेरे सहरा में तो बरसा भी नहीं था शायद।

---

1. याद।

ज़रा सी देर को आए ये ख़्वाब आँखों में
फिर उसके बाद मुसलसल आज़ाब आँखों में।

वो जिसके नाम की निस्बत से रोशनी था वजूद
खटक रहा है वही आफ़ताब आँखों में।

अजब तरह का है मौसम कि ख़ाक उड़ती है
वो दिन भी थे कि खिले थे गुलाब आँखों में।

मेरे ग़िज़ाल[1]! तेरी वह्शतों की ख़ैर, कि है
बहुत दिनों से बहुत इज़तराब[2] आँखों में।

न जाने कैसी क़यामत का पेश-ख़ेमा[3] है
ये उल्झनें तेरी बेइन्तेसाब[4] आँखों में।

---

1. हिरन, 2. बेचैनी, 3. किसी घटना की प्रस्तावना, 4. बिना किसी लगाव के।

○

शाख़-ब-शाख़ घूमिये और गुलाब देखिये
ऐसा भी क्या कि उम्र भर एक ही ख़्वाब देखिये।

ऐसा भी क्या कि उम्र भर एक ही तश्नगी रहे
और फ़रेब खाइए और सराब[1] देखिये

पैकरे-मह्वशाँ[2] भी है एक खुली हुई किताब
हौसले साथ दें तो फिर नित नये बाब देखिये।

डूब गये जो माहताब, उनको भुला भी दीजिये
फिर नये ज़ख़्म खाइये, फिर नये ख़्वाब देखिये।

---

1. मृग तृष्णा, 2. सुंदरियों का बदन।

○

लोग पहचान नहीं पाएंगे चेहरा अपना
अब न बदले, तो बदल जायेगा नक़्शा अपना।

बर्क़[1] इक-एक नशेमन का पता जानती है
अब के फिर ढूँढ निकालेगी ठिकाना अपना।

तानए-दर-बदरी दे मगर इतना रहे ध्यान
रास्ता भी तो बदला सकते हैं दरिया अपना।

बोल! ऐ बेसरे—सामनिए-गुल्शन कुछ बोल।
ख़िल्क़ते-शह्‌र तलब करती है हिस्सा अपना।

ये भी कब तक कि हर आफ़त का सबब है कोई
मंज़िलें खुद भी तो गुम करती हैं रस्ता अपना।

हम कहाँ अपने सिवा और को गरदानते हैं
हमने लिक्खा भी तो लिक्खेंगे, क़सीदा[2] अपना।

---

1. बिजली, 2. प्रशंसा का गीत।

○

होने को तो क्या हुआ नहीं है
हमने तो कभी कहा नहीं है।

सच अपने जुनूँ की वहूशतें हैं
तुझ से तो कोई गिला नहीं है।

बिखरूँ तो कोई समेट लेगा।
इसका भी तो आसरा नहीं है।

क्या ज़ीस्त करें कि अब तो साहब
मरने का भी हौसला नहीं है।

वीरानए-दश्ते-जाँ में कोसों
साए का कहीं पता नहीं है।

उल्झा हूँ कुछ ऐसे पेचो-ख़म में
मंज़िल तो है रास्ता नहीं है।

बारहवाँ खिलाड़ी

खुशगवार मौसम में
अनगिनत तमाशाई
अपनी-अपनी टीमों को
दाद देने आते हैं
अपने-अपने प्यारों का
हौसला बढ़ाते हैं
मैं अलग-थलग सब से
बारहवें खिलाड़ी को
हूट करता रहता हूँ
बारहवाँ खिलाड़ी भी
क्या अजब खिलाड़ी है

खेल होता रहता है
शोर मचता है रहता है
दाद पड़ती रहती है
और वह अलग सब से
इन्तज़ार करता है
एक ऐसी साअत का
एक ऐसे लम्हे का
जिसमें सानेहा हो जाए
फिर वो खेलने निकले
तालियों के झुरमुट में
एक जुमलए-ख़ुश-कुन
एक नारए-तहसीन

उसके नाम पर हो जाए
सब खिलाड़ियों के साथ
वो भी मोतबर हो जाए
पर ये कम ही होता है
फिर भी लोग कहते हैं
खेल से खिलाड़ी का
उम्र भर का रिश्ता है
उम्र भर का ये रिश्ता
छूट भी तो सकता है
आख़िरी विसिल के साथ
डूब जाने वाला दिल
टूट भी तो सकता है

तुम भी इफ़्तिख़ार आरिफ़
बारहवें खिलाड़ी हो
इन्तज़ार करते हो
एक ऐसे लम्हे का
एक ऐसी साअत का
जिसमें हादसा हो जाए
जिसमें सनेहा हो जाए
तुम भी इफ़्ताख़ार आरिफ़
तुम भी डूब जाओगे
तुम भी टूट जाओगे

इन्तेबाह[1]

हिंडोला झूलने वाले
ज़मीं से कट के ऊँचा झूलने की चाह रखते हैं
तो फिर झूलें
मगर यह याद रक्खें।
ज़मीं से कट के ऊँचा झूलने वाले फ़िज़ाओं में मोअल्लक़
ही रहेंगे
झुलाने वाले के रह्मो-करम पर दायरा-दर-दायरा गर्दिश
करेंगे
और ज़मीं पर लौटकर भी बे-ज़मीनी के अलम[2] सहते रहेंगे
हिंडोला झूलने वाले
ज़मीं से कट के ऊँचा झूलने की चाह रखते हैं
तो फिर झूलें
मगर यह याद रक्खें.....!

---

1. ख़बरदार करना, 2. दुख।

चकफेरी[1]

बचपन की गलियों में जिन-जिन घरों के शीशे मेरी गेंद से
टूटे थे
उन सबकी किरचें कभी-कभी मेरी आँखों में चुभने लगती हैं
जलती दोपहरी में मेरे हाथों उजड़े हुए घोसलों को बेहाल
परिंदों की
चीख़ें-फ़रियादें मेरी बेघर शामों में कोहराम मचाती
रहती हैं
चकनाचूर दिनों, रेज़ा-रेज़ा रातों में सोए हुए सब ख़्वाब
जगाती रहती हैं
अपने ख़ंजर अपने ही सीने में उतरने लगते हैं
ज़िंदा चहे्रे जलते-बुझते लम्हों की आग़ोश में मरने
लगते हैं

---

1. चक्कर बाँध कर दायरे में फिरना।

सरे-हिजाब खुला मुझ पर उरियानी से
कैसी प्यास बुझी है कैसे पानी से।

मात पे मात दिए जाती है ढलती उम्र
दिल डूबा जाता है बदन-अरज़ानी से।

मैंने कैसे जतन से तख़्ती लिक्खी थी
वक्त ने कैसा मिटा दिया आसानी से।

सजदए-शुक्र की साअत जब भी आती है
कोई उलझने लगता है पेशानी से।

हर्फ़े-सदाक़त की तन्हाई अपनी जगह
ख़ौफ़ बहुत आता है सुबुक-सामानी से।

जब तक अपने आप से मिलना-जुलना था
शेर भी होते रहते थे आसानी से।

○

ख़्वाब की तरह बिखर जाने को जी चाहता है
ऐसी तन्हाई कि मर जाने को जी चाहता है।

घर की वह्शत से लरज़ता हूँ मगर जाने क्यों
शाम होती है तो घर जाने को जी चाहता है।

डूब जाऊँ तो कोई मौज निशाँ तक न बताए
ऐसी नद्दी में उतर जाने को जी चाहता है।

कभी मिल जाए तो रस्ते की थकन जाग पड़े
ऐसी मंज़िल से गुज़र जाने को जी चाहता है।

वही पैमाँ जो कभी जी को ख़ुश आया था बहुत
उसी पैमाँ से मुकर जाने को जी चाहता है।

दुख और तरह के हैं, दुआ और तरह की
और दामने-क़ातिल की हवा और तरह की।

दीवार पे लिक्खी हुई तहरीर है कुछ और
देती है ख़बर ख़ल्क़े-खुदा ओर तरह की।

किस दाम उठाँयेंगे ख़रीदार कि इस बार
बाज़ार में है जिन्से-वफ़ा और तरह की।

बस और कोई दिन, कि ज़रा वक़्त ठहर जाए
सहराओं से आयेंगी सदा और तरह की।

हम कूए-मलामत से निकल आए तो हमको
रास आई न फिर आबो-हवा और तरह की।

○

अहले-मुहब्बत की मजबूरी बढ़ती जाती है
मिट्टी से गुलाब की दूरी बढ़ती जाती है।

मेहराबों से महलसरा तक ढेरों-ढेर चिराग़
जलते जाते हैं बेनूरी बढ़ती जाती है।

कारोबार में अबके ख़ेसारा[1] और तरह का है
काम नहीं बढ़ता, मज़दूरी बढ़ती जाती है।

जैसे-जैसे जिस्म तशफ़्फ़ी पाता जाता है
वैसे-वैसे क़ल्ब[2] से दूरी बढ़ती जाती है।

गिरियए-नीम शबी[2] की नेमत जब से बहाल हुई
हर लहज़ा उम्मीदे-हुज़ूरी बढ़ती जाती है।

1. हानि, 2. आधी रात को रोना, ध्यान करना।

ख़्वाब देखने वाली आँखें पत्थर होंगी, तब सोचेंगे
सुन्दर, कोमल ध्यान तितलियाँ बेपर होंगी, तब सोचेंगे।

रस बरसाने वाले बादल और तरफ़ क्यों उड़ जाते हैं
हरी-भरी शादाब खेतियाँ बंजर होंगी, तब सोचेंगे।

बस्ती की दीवार पे किसने अनहोनी बातें लिख दी हैं
इस अनजाने डर की बातें घर-घर होंगी, तब सोचेंगे।

माँगे के फूलों से कब तक रूप-सरूप का मान बढ़ेगा
अपने आँगन की महकारें बेघर होंगी, तब सोचेंगे।

बीती रुत की सब पहचानें भूल गए तो फिर क्या होगा
गए दिनों की यादें जब बेमंज़र होंगी, तब सोचेंगे।

आने वाले कल का स्वागत कैसे होगा, कौन करेगा
जलते हुए सूरज की किरनें सर पर होंगी, तब सोचेंगे।

○

ग़में-जहाँ को शर्मसार करने वाले क्या हुए?
वो सारी उम्र इन्तज़ार करने वाले क्या हुए?

बहम[1] हुए बग़ैर जो गुज़र गईं वो साअतें
वो एक-एक पल शुमार करने वाले क्या हुए?

दुआए-नीमशब की रस्म कैसे ख़त्म हो गई
वो हर्फ़े-जाँ पे एतबार करने वाले क्या हुए?

कहाँ हैं वो जो दश्ते-आरज़ू की ख़ाक हो गए
वो लम्हए-अबद[2] शिकार करने वाले क्या हुए?

तलब के साहिलों से जलती कश्तियाँ बताएँगी
शनावरी[3] पे एतबार करने वाले क्या हुए?

---

1. इकट्ठा होना, साथ होना, 2. वो घड़ी जिसका अन्त न हो, 3. तैराकी।

○

बादल-बादल घूमें पर घर लौट के आना भूले नाँ
अल्ला साईं डार से बिछड़ी कूँज ठिकाना भूले नाँ।

जब कभी उजले-उजले दिन पर टूट के बरसी काली रात
इक अपनी बस्ती के नाम का दिया जलाना भूले नाँ।

बाग़-बग़ीचे मेरे जब-जब नज़्र[1] लहू की चाहें तो
मेरी बरकत वाली मिट्टी मुझे बुलाना भूले नाँ।

खलियानों का सारा सोना, सारी चाँदी उसकी है
जान से भी जो हरियाली का क़र्ज़ चुकाना भूले नाँ।

लहरों से पतवारें उल्झी आँधी बढ़ती ही जाये
बीच भँवर में नाव खिवय्या पार लगाना भूले नाँ।

सदा जियें मेरे यार कि सूरज जिनका माथा चूमे
और हवा जिनको मेरा अहवाल सुनाना भूले नाँ।

---

1. भेंट।

○

नये मौसम की ख़ुशबू आज़माना चाहती हैं
खुली बाँहें सिमटने का बहाना चाहती हैं।

नई आहें, नये सहरा, नये ख़्वाबों के इमकान[1]
नई आँखें, नये फ़ित्ने जगाना चाहती हैं।

निगारे-शाम बेमंजिल! भटकती आरज़ूएँ
बसेरे के लिए कोई ठिकाना चाहती हैं।

बदन के सरफिरे बाग़ों की शोरीदा[2] हवाएँ
निशाते-गुमरही के गीत गाना चाहती हैं।

बदन की आग में जलने लगे हैं फूल से जिस्म
हवाएं मशअलों की लौ बढ़ाना चाहती हैं।

1. हो सकना, 2. परेशान, पागल।

○

रातें शोर मचाती हैं
जाने किसे बुलाती हैं।

क्या कोई रस्ता भूल गया
गलियाँ ख़ाक़ उड़ाती हैं।

मिट्टी की सब तहरीरें
मिट्टी में मिल जाती हैं।

बादल बदले जाता है
बेलें सूखी जाती हैं।

आप ही आप अँधेरों में
तस्वीरें बन जाती हैं।

सदा समन्दर आँखों में
यादें प्यास बढ़ाती हैं।

•

○

कुछ दिल से किसी ने कह दिया फिर
वहूशत का चलेगा सिलसिला फिर।

फूलों पे धनक की बारिशें हैं
ख़ुशबू से हुआ है राब्ता फिर।

बेनाम रिफ़ाक़तों का मौसम
ज़ख़्मों के चमन खिला गया फिर।

ख़्वाबों से डरी हुई थीं आँखें
डर-डर के किया है हौसला फिर।

आँखें थी उदास मुस्करा दीं
प्यासा था बदन छलक पड़ा फिर।

पथराव से कब तलक बचेंगे
फिर टूट गया जो आइना फिर।

फिर शहूर के सारे दास्ताँ-गो
दोहराएंगे एक वाक़ेया फिर।

एक था राजा

अली इफ़्तिख़ार की माँ से मैंने बता दिया है कि अपने
बेटे को
तितलियों के पास जाने से रोकिए
उसे रोकिए कि पड़ोसियों के घरों में झूले पड़े हुए हैं
तो इससे क्या
उसे क्या पड़ी कि कबूतरों को बताए कैसे हवाएं उसकी
पतंग छीन कर ले गईं
अली इफ़्तिख़ार की माँ से मैंने बता दिया
कि अपने बेटे को तितलियों के करीब जाने से रोकिए
कहीं यूँ न हो कि फिर एक बार भरी बहार में एतबार के
सारे ज़ख़्म महक उठें
अली इफ़्तिख़ार की माँ से मैंने बता दिया है कि अपने
बेटे को
तितलियों के क़रीब जाने से रोकिए

हिजरत[1]

हरे-भरे छतनार दरख़्तों की की ऊँची-ऊँची
शाखों पर झूला झूलने वाला
इक सरशार[2] परिंदा
बिजली के नंगे तारों पर उतरा
और निहाल हो गया
बेसमझे-बूझे अनजाने रस्तों पर जाने वालों के बीच
एक खुली मिसाल हो गया।

1. एक शहर से दूसरे शहर का पलायन, 2. नशे में चूर, मस्त।

पता नहीं क्यों?

पता नहीं क्यों मैं चाहता हूँ कि जब कभी कोई ख़्वाब देखूँ
तो रात मेरी अमानतें मेहरबान सूरज को सौंप जाए
पता नहीं मैं क्यों चाहता हूँ
पता नहीं मैं क्यों चाहता हूँ कि जब दुआओं को हाथ उठे तो
कोई मेरे बलन्द हाथों में फूल रख दे
पता नहीं क्यों मैं चाहता हूँ
पता नहीं क्यों मैं चाहता हूँ कि अब मेरे अह्द के मुक़द्दर में जितने आँसू हैं
मेरी आँखों में जज़्ब हो जाएं और तरकश में तीर जितने हैं
मेरे सीने में टूट जाएं
पता नहीं क्यों मैं चाहता हूँ

○

जमीं पैरों में, सर पर आसमाँ नईं
मगर हम हैं कि एहसासे-ज़ियाँ[1] नईं।

घरों में, रास्तों में, मंज़िलों पर
शिकस्ता-पाई[2] का नौहा कहाँ नईं।

जवाबे-तंगिए-सहूरा समन्दर
समन्दर भी कुछ ऐसा मेहूरबाँ नईं।

हवा के रुख़ पे उड़ती फिर रही है
वो इक कश्ती कि जिस पर बादबाँ नईं।

ख़िजाँ चेहूरे गवाही दे रहे हैं
दिले-पुर-ख़ूँ, तेरा दरमाँ[3] यहाँ नईं।

•

---

1. हानि का आभास, 2. पैरों का टूटना, 3. इलाज।

○

ये मोजज़ा[1] भी किसी की दुआ का लगता है
ये शहर अब भी किसी बेवफ़ा का लगता है।

ये तेरे-मेरे चिराग़ों की ज़िद जहाँ से चली
वहीं कहीं से इलाक़ा हवा का लगता है।

दिल उनके साथ मगर तेग़ और शख़्स के साथ
ये सिलसिला भी कुछ अहले-रिया[2] का लगता है।

नयी गिरह, नये नाख़ुन, नये मिज़ाज के क़र्ज़
मगर ये पेच बहुत इब्तिदा का लगता है।

कहाँ मैं और कहाँ फ़ैज़ाने-ऩग्मओ-आहंग
करश्मा सब दरो-बस्ते-नवा का लगता है।

---

1. करश्मा, 2. मक्कार लोग।

○

किसी अह्ले-हिज्र की बद-दुआ है कि ख़ुदसरी का क़ुसूर है
ये जो बात बनके बिगड़ रहीं है तो कोई बात ज़रूर है।

वो अजीब रात थी सारे शह्र में इक चिराग नहीं जला
मगर इक लकीर लहू की ऐसी खिंची कि नूर ही नूर है।

मैं बस एक बार गया था कूए-विसाल में मगर इसके बाद
वो बदन के भेद खुले कि अब न हिसाब है न हुज़ूर है।

ये अजीब लोग हैं जिनके बीच गुज़र रही है मताए-उम्र
न किसी पे गर्दे-जुनून है न कहीं पे गर्दे-गुबार है।

मेरी बेघरी मुझे कैसे-कैसे दरों-घरों पे लिए फिरी
मेरा वाहेमा था कि मेरे रख़्ते-सफ़र में जौहरे-नूर है।

मैं चिराग़ लेके हवा की ज़द पे जो आ गया हूँ तो ग़म न कर
मैं ये जानता हूँ कि मेरे हाथ पे एक हाथ ज़रूर है।

○

किस क़यामत-ख़ेज़ चुप का ज़हर सन्नाटे में है
मैं जो चीख़ा हूँ तो सारा शह्र सन्नाटे में है।

एक के बाद एक मोहरा पीटता जाता है वक़्त
इक बिसाते-एतबारे-दह्र सन्नाटे में है।

एक-इक करके सितारे डूबते जाते हैं क्यों
जागती रातों का पिछला पह्र सन्नाटे में है।

बादबानों से हवा उल्झी तो साहिल चुप रहा
नाव डूबी है तो अब हर लह्र सन्नाटे में है।

रो रहा हूँ मैं कि ख़ामोशी मुक़द्दर हो गई
लोग हँसते हैं कि मेरा शह्र सन्नाटे में है।

फिर फ़िज़ाओं में वही मसमूम[1] आवाज़ों का ज़ह्र
क्या बतायें कैसा कारी ज़हर सन्नाटे में हैं।

दीदनी है वह्शते-औलादे-आदम इन दिनों
आसमानों पर ख़ुदा का कह्र सन्नाटे में हैं।

---

1. ज़हर भरी

○

मुल्के-सुख़न में दर्द की दौलत को क्या हुआ
ऐ शह्रे-मीर! तेरी रिवायत को क्या हुआ।

हम तो सदा के बन्दए-ज़र थे, हमारा क्या
नाम-आवराने-अह्दे-बग़ावत को क्या हुआ।

घर से निकल के भी वही ताज़ा हवा का ख़ौफ़
मीसाके-हिज्र! तेरी बशारत को क्या हुआ।

इक चेहरा मुनकशिफ़ हुआ ऐसा कि सारी उम्र
आईने पूछते रहे हैरत को क्या हुआ।

सारे दिये बुझा गई इक बादे-बेलिहाज़
क्या पूछना कि शहरे-मुहब्बत को क्या हुआ।

○

मंज़र से हैं, न दीदाए-बीना के दम से हैं
सब मोजज़े तिलिस्मे-तमाशा के दम से हैं।

मिट्टी तो सामने का हवाला है और बस
कूज़े में जितने रंग हैं दरिया के दम से हैं।

क्या ऐसी मंज़िलों के लिए नक़्दे-जाँ गँवाएं
जो ख़ुद हमारे नक़्शे-कफ़े-पा के दम से हैं।

ये सारी जन्नतें, ये जहन्नम, अज़ाबो-अज्र
सारी क़यामतें इसी दुनिया के दम से हैं।

हम सारे यादगारे-ज़मीनो-जमाना लोग
इक साहबे-ज़मीनो-ज़माना के दम से हैं।

○

पसे-गर्दे-जादए-दर्द[1] नूर का सिलसिला भी तो देखते
जो दिलों से होके गुज़र रहा है, वो रास्ता भी तो देखते।

ये धुवाँ जो हैं, ये कहाँ का है, वो जो आग थी, वो कहाँ की थी
कभी रावियाने-ख़बर-ज़दा पसे–वाक़िया भी तो देखते।

ये जो पत्थरों की छिपी हुई है शबीह[2] ये भी कमाल है
वो जो आइने में हुमक रहा है, वो मोजज़ा भी तो देखते।

जो हवा के रुख़ पे खुले हुए हैं वो बादबाँ तो नज़र में हैं
वो जो मौजे ख़ूँ से उलझ रहा है वो हौसला भी तो देखते।

ये जो आबे-ज़र से रक़म हुई है, ये दास्तान भी मुस्तनद
वो जो ख़ूने-दिल से लिखा गया है, वो हाशिया भी तो देखते।

---

1. दर्द की राह की गर्द के पीछे, 2. सूरत, तस्वीर।

सुख़ने-हक़ को फ़ज़ीलत नहीं मिलने वाली
सब्र पर दादे-शुजाअत नहीं मिलने वाली।

वक़्ते-मालूम की दहशत से लरज़ता हुआ दिल
डूबा जाता है कि मोहलत नहीं मिलने वाली।

ज़िंदगी नज्र गुज़ारी तो मिली चादरे-ख़ाक
इससे कम पर तो ये नेमत नहीं मिलने वाली।

रास आने लगी दुनिया तो कहा मिलने कि जा!
अब तुझे दर्द की दौलत नहीं मिलने वाली।

घर से निकले हुए बेटों का मुक़द्दर मालूम
माँ के कदमों में भी जन्नत नहीं मिलने वाली।

ज़िंदगी भर की कमाई यही मिस्रे दो-चार
इस कमाई पे तो इज़्ज़त नहीं मिलने वाली।

---

1. सच्चाई, 2. बड़ाई।

उमीदो-बीम के मह्‌वर से हट के देखते हैं
ज़रा सी देर को दुनिया से कट के देखते हैं।

बिखर चुके हैं बहुत बाग़ो-दश्तो-दरिया में
अब अपने हुजरए-जाँ में सिमट के देखते हैं।

तमाम ख़ाना-बदोशों में मुश्तरक है ये बात
सब अपने-अपने घरों को पलट के देखते हैं।

फिर इसके बाद जो होना है, हो रहे सरे-दस्त
बिसाते-ग़ाफ़ियते-जाँ उलट के देखते हैं।

वही है ख़्वाब जिसे मिल के सबने देखा था
अब अपने-अपने क़बीलों में बट के देखते हैं।

सुना ये है कि सुबुक[2] हो चली है क़ीमते-हर्फ़
सो हम भी अब क़दो-क़ामत में घट के देखते हैं।

---

1. उम्मीद और डर, 2. हल्का, कम।

○

मेरे ख़ुदा! मेरे लफ़्ज़ो-बयाँ में ज़ाहिर हो
इसी शिकस्तओ-बस्ता[1] ज़बाँ में ज़ाहिर हो।

ज़माना देखे मेरे हर्फ़े-बारयाब के रंग
गुले-मुरादे-हुनर दश्ते-जाँ में ज़ाहिर हो।

मैं सुर्ख़रू नज़र आऊँ, कलाम हो कि सुकूत
तेरी अता मेरे नामों-निशाँ में ज़ाहिर हो।

मज़ा तो जब है कि अह्‌ले यक़ी का सिर्रे-निहाँ[2]
मलामते-सुख़ने-गुमरहाँ में ज़ाहिर हो।

गुज़िश्त-गाने-मुहब्बत का ख़्वाबे-गुम-गश्ता
अजब नहीं शबे-आइन्दगाँ में ज़ाहिर हो।

---

1. टूटी और बंधी हुई, 2. छिपा हुआ राज़।

पुराने दुश्मन

इक सूरज है जो शाम ढले मुझे पुरसा देने आता है
उन फूलों का जो मेरे लहू में खिलने थे और खिले नहीं
उन लोगों का जो किसी मोड़ पर मिलने थे और मिले नहीं
इक ख़ुशबू है जो बस्ती-बस्ती मेरा पीछा करती है
और अपने जी की बात बताते डरती है
इक दरिया है जो जनम-जनम की प्यास बुझाने आता है
और अंगारे बरसाता है
और ये सूरज और ये ख़ुशबू और ये दरिया
मेरी आन-बान के बैरी हैं
सब मेरी जान के बैरी हैं।

सरगोशी

तुम्हें क्या हो गया है
बताओ तो सही ऐ जाने-जाँ! जानाने-जाँ
अख़िर तुम्हें क्या हो गया है
अपनी ही आवाज़ से डरने लगे हो
अपने ही साए से घबराने लगे हो
अपने ही चेहरे से शरमाने लगे हो
बताओ तो सही—
आख़िर तुम्हें क्या हो गया है
चलो हमने ये माना यह ज़माना अब हमारे और तुम्हारे
बस से बाहर हो गया है
इन दिनों में, बेहिसी के मौसमों में दिल का ख़ूँ होना
मुक़द्दर हो गया है
मगर उस क़हरमाँ बस्ती में दो आँखें तो ऐसी हैं कि जिन में
कोई अंदेशा नहीं है और जिनके ख़्वाब यकसाँ हैं
बहुत मुबहम सी इक ताबीर का इमकान तो है
ये शब गुज़रे न गुज़रे सुब्ह पर ईमान तो है
तो फिर ऐ जाने-जाँ वीरान क्यों हो
इस क़दर शादाब आँखें जब दुआ गो हैं
तो इतने बेसरो-सामान क्यों हो
बताओं तो सही ऐ जाने-जाँ आख़िर तुम्हें क्या हो गया है
अपनी ही आवाज़ से डरने लगे हो
अपने ही चेहरे से शरमाने लगे हो
अपने ही साये से घबराने लगे हो।

○

वफ़ा की ख़ैर मनाता हूँ बेवफ़ाई में भी
मैं उसकी क़ैद में हूँ, क़ैद से रिहाई में भी।

लहू की आग में जल-बुझ गए बदन तो खुला
रसाई[1] में भी ख़ेसारा[2] है नारसाई में भी।

बदलते रहते हैं मौसम, गुज़रता रहता है वक़्त
मगर ये दिल कि वहीं का वहीं जुदाई में।

लिहाज़े-हुरमते-पैमाँ[3] न पासे-हमख़्वाबी
अजब तरह के तसादुम थे आश्नाई में भी।

मैं दस बरस से किसी ख़्वाब के अज़ाब में हूँ
वहीं अज़ाब दर आया है इस दहाई में भी।

तसादुमे–दिलो-दुनिया[4] में दिल की हार के बाद
हिजाब आने लगा है ग़ज़ल-सराई में भी

मैं जा रहा हूँ अब उसकी तरफ़, उसी की तरफ़
जो मेरे साथ था मेरी शिकस्तापाई में भी।

---

1. पहुँच, 2. हानि, 3. वादे का सम्मान, 4. दिल और दुनिया में टकराव।

○

मेरा मालिक जब तौफ़ीक़े-अरज़ानी करता है
गहरे, ज़र्द ज़मीं की रंगत धानी करता है।

बुझते हुए दिये की लौ और भीगी आँख के बीच
कोई तो है जो ख़्वाबों की निगरानी करता है।

मालिक से और मिट्टी से और माँ से बाग़ी शख्स
दर्द के हर मीसाक़[1] से रुगरदानी करता है।

यादों से और ख़्वाबों से और उम्मीदों से रब्त
हो जाए तो जीने मे आसानी करता है।

क्या जाने कब किस साअत में तब्अ रवाँ हो जाए
ये दरिया बे मौसम भी तुग़ियानी करता है।

दिल पागल है रोज़ नई नादानी करता है
आग में आग मिलाता है फिर पानी करता है।

---

1. वादा।

○

शहरे-गुल के ख़सो-ख़ाशाक से ख़ौफ़ आता है
जिसका वारिस हूँ, उसी ख़ाक से ख़ौफ़ आता है।

शक्ल बनने नहीं पाती कि बिगड़ जाती है
नई मिट्टी को नए चाक से ख़ौफ़ आता है।

वक़्त ने ऐसे घुमाये उफ़क़-आफ़ाक़ कि बस
महवरे-गर्दिशे-सफ़्फ़ाक से ख़ौफ़ आता है।

यही लहजा था कि मेयारे-खुख़न ठहरा था
अब इसी लहजए-बेबाक से ख़ौफ़ आता है।

आग जब आग से मिलती है तो लौ देती है
ख़ाक को ख़ाक की पोशाक से ख़ौफ़ आता है।

क़ामते-जाँ को खुश आया था कभी ख़िलअते-इश्क़[1]
अब इसी जामए-सद-चाक से ख़ौफ़ आता है।

कभी अफ़लाक से नालों के जवाब आते थे
इन दिनों आलमे-अफ़लाक से ख़ौफ़ आता है।

रहमते-सय्यदे-लौलाक[2] पे कामिल ईमान
उम्मते-सय्यदे-लौलाक[3] से ख़ौफ़ आता है।

---

1. प्रेम का वस्त्र, 2. मुसलमानों के पैग़म्बर की मेहरबानी, 3. पैग़म्बर के मानने वाले (मुसलमान)।

○

ख़ज़ानए-ज़रो-गौहर पे खाक़ डाल के रख
हम अहले मेहरो-मुहब्बत हैं दिल निकाल के रख।

हमें तो अपने समन्दर की रेत काफ़ी है
तू अपने चश्मए-बे फ़ैज़ को संभाल के रख।

ज़रा सी देर का है ये उरूजे-मालो-मनाल
अभी से ज़ह्न में सब ज़ाविये ज़वाल के रख।

ये बार-बार किनारे पे किसको देखता है
भँवर के बीच कोई हौसला उछाल के रख।

न जाने कब तुझे जंगल में रात पड़ जाए
ख़ुद अपनी आग से शोला कोई उजाल के रख।

जवाब आये न आये, सवाल उठा तो सही
फिर उस सवाल में पहलू नये सवाल के रख।

तेरी बला से गिरोहे-जुनूँ पे क्या गुज़री
तू अपना दफ़्तरे-सूदो-ज़ियाँ[1] संभाल के रख।

झलक रहा है जो कश्कोले-आरज़ू इसमें
किसी फ़क़ीर के क़दमों की खाक डाल के रख।

---

1. नफ़ा-नुक़्सान

○

मेरी मिट्टी से मेरे ख़्वाबों के रिश्ते मोहकम करने के लिए
इक दर्द मुसलसल जागता है दिलो-जाँ को बहम करने के लिए।

जहाँ वहशत करना सीखा था, जहाँ जाँ से गुज़रना सीखा था
मेरे आहू मुझे बुलाते हैं उसी दश्त में रम[1] करने के लिए।

वो जो अव्वले-इश्क़ की शिद्दत थी, वो तो मेहरे-दोनीम की नज़्र हुई
अब फिर इक मौसम आया है, मुझे मुस्तहकम करने के लिए।

ये सारे अदब-आदाबे–हुनर यूँ ही तो नहीं आ जाते हैं
उम्रें तज देनी पड़ती हैं, इक हर्फ़ रक़म करने के लिए।

मौत आई और दिल की दहलीज़ पे बोसा देकर लौट गई
मेरे मेहमाँ आये बैठे थे, मुझे ताज़ा दम करने के लिए।

मेरे मालिक! मुझको ग़नी कर दे कि शिकस्त के बाद मेरा दुश्मन
मेरी तेग़ का तालिब है मुझ से, मेरे हाथ क़लम करने के लिए।

---

1. भागना, चौकड़ी करना।

उन्हीं में जीते, उन्हीं बस्तियों में मर रहते
ये चाहते थे मगर किस के नाम पर रहते।

पयम्बरों से ज़मीनें वफ़ा नहीं करतीं
हम ऐसे कौन ख़ुदा थे कि अपने घर रहते।

परन्दे जाते न जाते पलट के घर अपने
पर अपने हम शजरों से तो बाख़बर रहते।

बस एक ख़ाक का एहसान है कि ख़ैर से हैं
वगरना सूरते-ख़ाशाक दर-बदर रहते।

मेरे करीम! जो तेरी रज़ा मगर इस बार
बरस गुज़र गए शाख़ों को बेसमर रहते।

○

क़लम जब दिरह्मो-दीनार में तौले गए थे
कहाँ तक दिल की चिनगारी तेरे शोले गए थे।

फ़सीले-शहरे-लब बस्ता! गवाही दे कि कुछ लोग
दहाने-हल्क़ाए-ज़ंजीर से बोले गए थे।

तमाम आज़ाद आवाज़ों के चेहरे गर्द हो जाएं
फ़िज़ाओं में कुछ ऐसे ज़हूर भी घोले गए थे।

फ़सादे-ख़ून से सारा बदन था ज़ख़्म ही ज़ख़्म
सो नश्तर से नहीं शमशीर से खोले गए थे।

वो ख़ाके-पाक हम अह्ले-मुहब्बत को है अक्सीर
सरे-मक़्तल जहाँ नेज़ों पे सर तोले गए थे।

○

हर इक सैले-बला[1] एक-इक शनावर[2] सामने है
कनारे हूँ मगर सारा समन्दर सामने है।

इक आईना और इतने मस्ख़ चेहरे और बयक वक़्त
बुझी जाती हैं आँखें, अब वो मंज़र सामने है।

नहीं मालूम अब इस ख़्वाब की ताबीर क्या हो
मैं नरग़े में हूँ और जलता हुआ घर सामने है।

सवालों-हुरमते-मीज़ाने-बैतौकीर के बाद
जो ज़ेरे-आस्तीं था अब वो ख़ंजर सामने है।

अभी जो एहतमामे-जश्ने-फ़र्दा में मगन थी
वही ख़ल्क़े-ख़ुदा हैरानों-शश्दर सामने है।

---

1. दुख का तूफ़ान, 2. तैराक।

फ़रेब खाके भी एक मंज़िले-क़रार में हैं
वो अह्ले-हिज्र कि आसेबे-एतबार में हैं।

ज़मीन जिनके लिए बोझ थी वो अर्श-मिज़ाज
न जाने कौन से मह्वर पे, किस मदार में हैं।

पुराने दर्द, पुरानी मुहब्बतों के गुलाब
जहाँ भी हैं, ख़सो-ख़ाशाक के हिसार में हैं।

उड़ाई थी जो गिरोहे-हवूस-निहाद ने धूल
तमाम मंज़िलें अब तक उसी, गुबार में हैं।

न जाने कौन सी आँखें वो ख़्वाब देखेंगी
वो एक ख़्वाब कि हम जिसके इन्तज़ार में हैं।

चिराग़ कौन से बुझने हैं, किनकों रहना है
ये फ़ैसले अभी औरों के आख़्तियार में हैं।

○

गली-कूचों में हंगामा बपा करना पड़ेगा
जो दिल में है अब उसका तज़किरा करना पड़ेगा।

नतीजा करबला से मुख़्तलिफ़ हो या वही हो
मदीना छोड़ने का फ़ैसला करना पड़ेगा।

वो क्या मंज़िल, जहाँ से रास्ते आगे निकल जाँए
सो अब फिर इक सफ़र का सिलसिला करना पड़ेगा।

लहू देने लगी है चश्मे-ख़ूँबस्ता सो इस बार
भरी आँखों से ख़्वाबों को रिहा करना पड़ेगा।

दरख़्तों पर समर आने से पहले आए थे फूल
फलों के बाद क्या होगा, पता करना पड़ेगा।

गवाँ बैठे तेरी ख़ातिर हम अपने मेहरो-महताब
बता! अब ऐ ज़माने और क्या करना पड़ेगा।

दुआ

मालिक! मेरी गुड़िया के सब रंग सलामत रखना, मुझको डर
लगता है
कच्चे रंग तो बारिश की हल्की सी फ़ुवार में बह जाते हैं
एक ज़रा सी धूप पड़े तो उड़ जाते हैं
मालिक! मेरी गुड़िया के सब रंग सलामत रखना, मुझको डर
लगता है।

एक कहानी, बड़ी पुरानी

रात वीरान थी
और चाँद अपनी तारों भरी अंजुमन अपने हाथों से ताराज करता
हुआ
बहर की बेनिशाँ मंज़िलों के सफ़र पर रवाना हुआ
शाख़े-गुल चाँद का रास्ता देखते-देखते रो पड़ी
सुब्ह दम मेहरबाँ आसमानों की किरनों की बारिश हुई
शाख़ें-गुल मुस्कराने लगी
अपनी तन्हाई के सारे ग़म भूलकर गुनगुनाने लगी
मेहरबाँ आसमानों की किरनें बिखरती रहीं, फिर सिमटने लगीं
नूर के क़ाफ़िले अपनी परछाइयों से हमआग़ोश होकर किसी
और बस्ती की क़िस्मत जगाने चले
और मैं हंस पड़ा
हंस पड़ा मैं कि फिर शाम की ओट में चाँद के क़ाफ़िले का गुबार
आइना बन चुका था

अपने दोस्त के नाम

मैं मुनाफ़िक[1] हूँ मगर दुनिया बहुत सच्ची है
अपनी माँ को माँ कहने से कतराती है
अपने ख़ून की आवाज़ का इन्कार करती है,
नजाबत[2] के हर इक रिश्ते को झुठलाती है
मैं तन्हा मुनाफ़िक़ हूँ मगर दुनिया बहुत सच्ची है
सधे बंदर की सूरत डुगडुगी थामे मदारी के कहे पर नित-नये
करतब दिखाती है
और अपने लुक़्मए-तर के लिए ख़ारिश-ज़दा कुत्तों के तलवे
चाटती है
और यह दुनिया बहुत सच्ची है
मैं तन्हा मुनाफ़िक़ हूँ

1. वह व्यक्ति जिसके दिल में कुछ हो और ज़बान पर कुछ, 2. शराफ़त।

○

रविश में गर्दिशे-सय्यारगाँ[1] से अच्छी है
ज़मीं कहीं की भी हो आसमाँ से अच्छी है।

जो हर्फ़े-हक़ की हिमायत में हो, वो गुमनामी
हज़ार वज़्अ के नामों-निशाँ से अच्छी है।

अजब नहीं कल उसी की ज़बान खींची जाए
जो कह रहा है ख़ामोशी ज़बाँ से अच्छी है।

बस एक ख़ौफ़, कहीं दिल ये बात मान न जाए
ये ख़ाके-ग़ैर हमें आशियाँ से अच्छी है।

हम ऐसे गुलज़दगाँ को बहारे-यक-साअत
निगार-ख़ानए-अह्दे-खिज़ाँ से अच्छी है।

---

1. सितारों की चाल

○

सरे-बामे-हिज्र दिया बुझा तो ख़बर हुई
सरे-शाम कोई जुदा हुआ तो ख़बर हुई।

मेरा ख़ुश-ख़ेराम बला का तेज़-ख़ेराम था
मेरी ज़िंदगी से चला गया तो ख़बर हुई।

मेरे सारे हर्फ़, तमाम हर्फ़े-अज़ाब थे
मेरे कम-सुख़न ने सुख़न किया तो ख़बर हुई।

कोई बात बन के बिगड़ गई तो पता चला
मेरे बेवफ़ा ने करम किया तो ख़बर हुई।

मेरे हमसफ़र के सफ़र की सम्त ही और भी
कहीं रास्ता कोई गुम हुआ तो ख़बर हुई।

मेरे क़िस्सागो ने कहाँ-कहाँ से बढ़ाई बात
मुझे दास्ताँ का सिरा मिला तो ख़बर हुई।

न लहू का मौसमे-रंग-रेज़, न दिल, न मैं
कोई ख़्वाब था कि बिखर गया तो ख़बर हुई।

○

मेरा हर लफ़्ज़ बेतौक़ीर[1] रहने के लिए है
मेरा हर हर्फ़ दामनगीर[2] रहने के लिए है

मैं जिस शहरे-जमाल-आसार का मारा हुआ हूँ
वो सारा शहर बेतामीर रहने के लिए है।

मैं ऐसे ख़्वाब की पादाश में मातूब ठहरा
जो सारी उम्र बेताबीर रहने के लिए है।

ज़रा सी देर में बुझ जाँएगे सब मेहरो-महताब
ये दावा क्या कि हर तनवीर रहने के लिए है।

ज़रा सी देर में धुंधला के रह जाएगा हर नक़्श
गुमाँ ये था कि हर तस्वीर रहने के लिए है।

न मेरी आग की में ये शोलगी बाक़ी रहेगी
न मेरी ख़ाक की तासीर रहने के लिए है।

---

1. बेइज़्ज़त, 2. मदद चाहने वाला।

न अक़्लीमे-हुनर[1] में आज़्मते-गालिब सलामत
न एजाज़े-कलामें-मीर रहने के लिए है

कहीं महफ़ूज़ है लोहे-फ़ना[2] पर एक तहरीर
बिलआख़िर इक वही तहरीर रहने के लिए है।

न ये आबो-हवाए-शहरे-जिस्मो-जाँ दवामी[3]
न मेरे दर्द की जागीर रहने के लिए है।

---

1. हुनर की बादशाहत, 2. अन्त (मृत्यु) की तख़्ती, 3. हमेशा रहने वाला।

○

जान मेरी! रात के ख़ेमों में सुबहें ढूँढने वालों को पछताना पड़ेगा
ऐसा लगता है बशारत[1] के नए सूरज लिए घर की तरफ़ आना पड़ेगा।

हिज्र की नामेह्रबाँ बस्ती में हर लह्ज़ा बदलते मौसमों के मंज़रों को
आँख का क्या है कि यह तस्लीम कर ही लेगी, लेकिन दिल को समझाना पड़ेगा।

दिल के सरमाए को नज्रे-जाहो-मंसब करके जब पलटे तो जाना
वो जो पूँजी डूबने वाली है, डूबेगी ही, ऊपर से भी हरजाना पड़ेगा।

क़ातिलों को मरहबा[2] सुनने की आदत पड़ गई है अब तो जाने-मस्लहत-कोश
दाद भी हर वार पर देनी पड़ेगी और जिगर पर ज़ख़्म भी खाना पड़ेगा।

आरज़ू के एक आईने से भागे थे कि अपने आप से डरने लगे थे
क्या ख़बर थी हर गली, हर रहगुज़र के मोड़ पर इक आइनाख़ाना पड़ेगा।

खेलने में हारने और जीत जाने से अलग भी सौ तरह की वह्शतें हैं
हैं तो फिर क्या इफ़्तिख़ार आरिफ़ की सूरत बेजिये ही जान से जाना पड़ेगा।

---

1. खुशख़बरी, 2. शाबाश।

○

जहाँ भी रहना हमें यही इक ख़याल रखना
ज़मीने-फ़र्दा[1] पे संगे-बुनियादे-हाल रखना।

हुज़ूरे-अहले-कमाले-फ़न सज्दा-रेज़ रहना
निगाह में तुर्रए-कुलाहे-कलाम रखना।

वो जिसने बख़्शी है बेनवाओं को हुरमते-हर्फ़
वही सिखा देगा हर्फ़ को बेमिसाल रखना।

अंधेरी रातों में गिरियए-बेसबब[2] की तौफ़ीक़
मयस्सर आए तो ग़म की दौलत संभाल रखना।

---

1. कल की ज़मीन, 2. बिना कारण रोना।

○

सूरज थे चिराग़े-कफ़े-जादा में नज़र आए
हम ऐसे समन्दर थे कि दरिया में नज़र आए।

दुनिया थी रगो-पै में समाई हुई ऐसी
ज़िद थी कि सभी कुछ इसी दुनिया में नज़र आए।

सरमायए-जाँ लोग, मताए-दोजहाँ लोग
देखा तो सभी अह्ले-तमाशा में नज़र आए।

ख़ुद दामने-यूसुफ़[2] की तमन्ना थी कि हो चाक
अबके वो हुनर दस्ते-ज़ुलेखा[3] नज़र आए।

---

1. रास्ते के हाथों का दिया, 2. यूसुफ़ का दामन (युसूफ़ एक पैग़म्बर जो बहुत सुंदर थे), 3. ज़ुलेख़ा का हाथ (ज़ुलेख़ा मिस्र के बादशाह की बीवी थी और यूसुफ़ की सुंदरता देख उन पर आशिक़ हो गई थी।)

○

सैले-जुनूँ साहिल की जानिब आता है
ख़्वाबे-शबे-तारीक पे ग़ालिब आता है।

ज़र्रा हूँ मंसूब हुआ हूँ मेहर के साथ
रोशन रहना मुझ पर वाजिब आता है।

दिल की तबाही के छोटे से क़िस्से में
ज़िक्रे-हज़ार-अतराफ़ो-जवानिब[1] आता है।

मिट्टी, पानी, आग, हवा सब उसके रफ़ीक़
जिसको उसूले-फ़र्क़े-मरातिब आता है।

दिल रोए और गिरिये की तौफ़ीक़[2] न हो
ऐसा वक़्त भी आरिफ़ साहब आता है।

---

1. हज़ार दिशाओं का वर्णन, 2. हौसला।

अबके बिछड़ा है तो कुछ नाशादमाँ वो भी तो है
धूप हम पर ही नहीं, बेसायबाँ वो भी तो है।

शिकवए-बेदादे-मौसम उससे कीजे भी तो क्यों
क्या करे वो भी कि ज़ेरे-आसमाँ वो भी तो है।

और अब क्या चाहते हैं, लोग देखें तो सही
दर-बदर हम ही नहीं, बेख़ानुमाँ वो भी तो है।

एक ही दस्तक जहाँ चौंकाए रक्खे सारी उम्र
एक अन्दाज़े-शिकस्ते-जिस्मो-जाँ वो भी तो है।

इस तरफ़ भी इक नज़र से रहरवे-मंज़िल नसीब
वो जो मंज़िल पर लुटा है "कारवाँ" वो भी तो है।

○

शहरे-बेमेहर से पैमाने-वफ़ा क्या बाँधें
ख़ाक उड़ती है गुले-तर की हवा क्या बाँधे।

जानते हैं सफ़रे-शौक़ की हद क्या होगी
ज़ोर बाँधे भी तो हम आबला-पा[1] क्या बाँधें।

कोई बोलेगा तो आवाज़ सुनाई देगी
हू का आलम हो तो मज़मूने-सदा क्या बाँधें।

सारी बस्ती हुई इक मौजए-सफ़्फ़ाक की नज़्र
अब कोई बन्दे-सरे-सैले-बला[2] क्या बाँधें।

आख़िरश हर नफ़से-गर्म का अन्जाम है एक
सो घड़ी भर को तिलिस्मे-मनो-मा क्या बाँधें।

---

1. जिसके पैर में छाले पड़ गए हों, 2. दुख के तूफ़ान के किनारे का बाँध।

हवाएँ अनपढ़ हैं

अबके बार फिर
मौजे-बहार ने
फ़र्शे-सब्ज़ पर
साअते-मेहूर में
हार सिघांर से
हम दोनें के नाम लिखते हैं
और दुआ मांगी है "ऐ रातों को जुगनू देने वाले!
सूखी हुई मिट्टी को ख़ुशबू देने वाले!
शुक्रगुज़ार आँखों को आँसू देने वाले!
इन दोनों का साथ न छूटे!"
और सुना यह है कि हवाएं
अबके बार भी तेज़ बहुत हैं
शहूरे-विसाल से आने वाले मौसम हिज्र-अंगेज़ बहुत हैं

सौग़ात

गुलदानों में सजे हुए फूलों को मैंने
रात अपनी आग़ोश में लेकर इतना भींचा
सारे रंग और सारी ख़ुशबू
अंग-अंग में बसी हुई है
पर मुझको उन सब रंगों और ख़ुशबूओं से डर लगता है
जिनका मुक़द्दर तन्हाई हो
या फिर ऐसी रूस्वाई हो
जिसकी आग में बरस-बरस के
सजे हुए मंज़र जल जाएं
घर जल जाएं।

तजाहुल-आरफ़ाना[1]

जौहरी को क्या मालूम, किस तरह की मिट्टी में कैसे फूल होते हैं
किस तरह के फूलों में
कैसी बास होती है
जौहरी को क्या मालूम
जौहरी तो सारी उम्र पत्थरों में रहता है
ज़रगरों[2] में रहता है
जौहरी को क्या मालूम
ये तो बस वही जाने
जिसने अपनी मिट्टी से
अपना एक-एक पैमाँ
उस्तवार रक्खा हो
जिसने हर्फ़े-पैमाँ का एतबार रक्खा हो
जौहरी को क्या मालूम किस तरह की मिट्टी में कैसे फूल होते हैं
किस तरह के फूलों में कैसी बास होती है।

---

1. जान-बूझ कर अन्जान बनना, 2. सुनारों।

○

फ़िज़ा में रंग न हों, आँख में नमी भी न हो
वो हर्फ़ क्या कि रक़म हो तो रोशनी भी न हो।

वो क्या बहार कि पैवन्दे-ख़ाक होके रहे
कशाकशे-रविशो-रंग से बरी भी न हो।

कहाँ से और ख़ज़ाना बजुज़ ख़ज़ानए-ख्वाब
लुटाने वाला लुटाता रहे, कमी भी न हो।

यही हवा, यही बेमेह्रो-बेलिहाज़ हवा
यही न हो तो चिराग़ों में रोशनी भी न हो।

मिले तो मिल लिए, बिछड़े तो याद भी न रहे
तअल्लुक़ात में ऐसी रवा-रवी भी न हो।

○

और का ज़िक्र तो क्या मीर का भी साया न हो
वो सुख़न कर जो किसी और ने फ़रमाया न हो।

ख़ूँ-बहा मैं तुझे दे दूँगा मगर देख तो ले
क़ब्ज़ए-तेग़ पे नक़्शे-कफ़े-हमसाया न हो।

ये जो घबराया हुआ फिरता है सहरा में उक़ाब[1]
इसके पीछे कोई कुंजश्के-फ़रोमाया[2] न हो।

ये रजज़-ख़्वाँ-हुनरे-कासओ-कश्कोल में ताक़
अपनी बुनियाद में परवर्दए-सरमाया न हो।

पसे-पर्दा, ये मज़ाहिम, मुतसादिम लहजा
कहीं इज़्हारे-इताअत का ही पैराया[3] न हो।

1. शिकारी परन्दा, 2. मामूली चिड़िया, 3. अन्दाज़।

○

ग़ज़ल बाद अज़ यगाना सुर्ख़रू हम से रहेगी
मुख़ातिब क़ोई भी हो गुफ़्तगू हम से रहेगी।

ख़सो-ख़ाशाक की तक़्दीर से पामाल रहना
ये पामाली जहाँ के रुबरू हमसे रहेगी।

मिसाले-संग थे तब भी ये दिल कहता था हम से
दिन आएँगे कि तौक़ीरे-नमू हम से रहेगी।

हमीं खींचेगें फ़र्दे-बेदिली पर ख़त्ते-तन्सीख़[1]
तबो-ताबे-जहाने आरज़ू हम से रहेगी।

पुरानी बस्तियों में ज़िंदगी खोने के बावस्फ़
घर आएंगे तो सारी हाव-हू[2] हम से रहेगी।

अनीस, आतश, यगाना महरमाने-आलमे-हर्फ़[3]
और अब इस सिलसिले की आबरू हम से रहेगी।

1. बेदिली के काग़ज़ पर लिखी इबारत को काटना, 2. शोर, 3. शब्दों की दुनिया को जानने वाले।

○

हम अह्ले-जब्र के नामो-नसब से वाक़िफ़ हैं
सरों की फ़स्ल जब उतरी थी तब से वाक़िफ़ हैं।

कभी छिपे छुए खंज़र, कभी खिंची हुई तेग़
सिपाहे-ज़ुल्म के एक-एक ढब से वाक़िफ़ हैं।

ये रात यूँ ही तो दुश्मन नहीं हमारी कि हम
दराज़िए-शबे-ग़म के सबब से वाक़िफ़ हैं।

नज़र में रखते हैं अस्रे-बुलन्दबामिए-मेह्र
फ़ुराते-जब्र के हर तश्नालब से वाक़िफ़ हैं।

कोई नई तो नहीं हर्फ़े-हक़ की तन्हाई
जो जानते हैं, वो इस अम्रे-रब से वाक़िफ़ हैं।

○

किसी के जौरो-सितम याद भी नहीं करता
अजीब शहर है फ़रियाद भी नहीं करता।

कोई तो है जो परन्दों को बालो-पर देकर
ज़मीं की क़ैद से आज़ाद भी नहीं करता।

न जाने कैसी क़मामत गुज़र गई अब के
ग़रीब शिकवाए–बेदाद भी नहीं करता।

कभी-कभी ये गराँ-गोश[1] चीख़ पड़ता था
ये काम अब मेरा हमज़ाद भी नहीं करता।

वही सलीबो-सलासल, सुकूतो-संग-ज़नी
नये सितम कोई ईजाद भी नहीं करता।

---

1. बहरा।

○

जाहो-ज़लालों-दामो-दिरम और कितनी देर
रेगे-रवाँ पे नक़्शे-क़दम और कितनी देर।

अब और कितनी देर ये दहशत, ये डर, ये ख़ौफ़
गर्दो-गुबारे-अह्दे-सितम और कितनी देर।

अब और कितनी देर ये तब्लो-अलम की धूम
ज़िक्रे-ज़वाले-लौहो-क़लम और कितनी देर।

दामन के सारे चाक, गरेबाँ के सारे चाक
हो भी गए बहम तो बहम और कितनी देर।

शाम आ रही है, डूबता सूरज बताएगा
तुम और कितनी देर हो, हम और कितनी देर।

○

ये जाहो-हशम नहीं रहेगा
ये तब्लो-अलम नहीं रहेगा।

आएगी, ज़रूर आएगी सुब्ह
ये अह्दे-सितम नहीं रहेगा।

पल्टेगा, पलट के आएगा दिन
अदबारो-अलम नहीं रहेगा

आँखों के सजेंगे ख़्वाब सब ख़्वाब
दामन कोई नम नहीं रहेगा।

या बात रहेगी अह्ले हक़ की
या फिर ये क़लम नहीं रहेगा।

○

सितारों से भरा ये आसमाँ कैसा लगेगा
हमारे बाद तुम को ये जहाँ कैसा लगेगा।

थके-हारे हुए सूरज की भीगी रोशनी में
हवाओं से उलझता बादबाँ कैसा लगेगा।

जमे क़दमों के नीचे से फिसलती जाएगी रेत
बिखर जाएगी जब उम्रे–रवाँ कैसा लगेगा।

इसी मिट्टी में मिल जाएगी पूँजी उम्र भर की
गिरेगी जिस घड़ी दीवारे-जाँ कैसा लगेगा।

बहुत इतरा रहे हो दिल की बाज़ी जीतने पर
ज़ियाँ, बाद अज़ ज़ियाँ कैसा लगेगा।

वो जिसके बाद होगी इक मुसलसल बेनियाज़ी
घड़ी भर का वो सब शोरो-फ़ोग़ाँ कैसा लगेगा।

अभी से क्या बताएं मर्गे-मजनूँ की ख़बर पर
सुलके-कूचए-नामेह्र-बाँ कैसा लगेगा।

बताओ तो सही ऐ जाने-जाँ कैसा लगेगा
सितारों से भरा ये आसमाँ कैसा लगेगा।

○

बिखर जाएंगे हम क्या जब तमाशा ख़त्म होगा
मेरे माबूद! आख़िर कब तमाशा ख़त्म होगा।

चिराग़े-हुजरए-दरवेश की बुझती हुई लौ
हवा से कह गई है, अब तमाशा ख़त्म होगा।

कहानी में नये किरदार शामिल हो गए हैं
नहीं मालूम अब किस ढब तमाशा ख़त्म होगा।

कहानी आप उल्झी है कि उल्झाई गई है
ये उक़्दा तब खुलेगा जब तमाशा ख़त्म होगा।

ये सब कठपुतलियाँ रक्साँ रहेंगी रात की रात
सहर से पहले-पहले सब तमाशा ख़त्म होगा।

तमाशा करने वालों को ख़बर दी जा चुकी है
कि पर्दा कब गिरेगा, कब तमाशा ख़त्म होगा।

गुमनाम सिपाही की क़ब्र पर

सिपाही! आज भी कोई नहीं आया
किसी ने फूल ही भेजे
न बस्ती के घरों से आश्ना गीतों की आवाज़ें सुनाई दी
न परचम कोई लहराया
सिपाही! शाम होने आई और कोई नहीं आया
फ़ना की ख़ंदक़ों को जान देकर पार कर जाना बड़ी बात
जहाँ जीने की ख़ातिर मर रहे हों लोग
उस बस्ती में मर जाना बड़ी बात
मगर पल भर को ये सोचा तो होता
तुम्हारे बाद घर की मुन्तज़िर दहलीज़ को जागे हुए दिल की
निशानी कौन देगा
हवाओं से उलझती, रोशनी को एतबारे-कामरानी कौन देगा
दरो-दीवार से लिपटी हुई बेलों को पानी कौन देगा!?

अभी कुछ दिन लगेंगे

अभी कुछ दिन लगेंगे

दिल ऐसे शहर के पागल हो जाने का मंज़र भूलने में
अभी कुछ दिन लगेंगे
जहाने-रंग के सारे ख़सो-ख़ाशाक
सब सर्वो-सनोबर भूलने में, अभी कुछ दिन लगेंगे
थके हारे से कुछ ख़्वाबों के साहिल पर, कहीं उम्मीद का छोटा सा
इक घर
बनते-बनते रह गया है
वो एक घर भूलने में, अभी कुछ दिन लगेंगे
मगर अब दिन की कितने रह गए हैं
बस इक दिन दिल की लौहे-मुन्तज़िर पर
अचानक
रात उतरेगी
मेरी बेनूर आँखों के ख़ज़ाने में छिपे हर ख़्वाब की तकमील कर
देगी
मुझे भी ख़्वाब में तब्दील कर देगी
इक ऐसा ख़्वाब जिसका देखना मुमकिन नहीं था
इक ऐसा ख़्वाब
जिसके दामने-सद-चाक में कोई मुबारक, कोई रौशन दिन
नहीं था
अभी कुछ दिन लगेंगे!

एक नाबीना[1] बस्ती के नाम

बस्ती की सब गलियों और बाज़ारों और चौबारों में
एक नारा गूँज रहा है
"सूरज को रिहा करो"
"सूरज को रिहा करो"
सूरज की आज़ादी मांगने वाले क्या बिल्कुल अंधे हैं!

---

1. अंधी।

○

ये बस्तियाँ हैं, कि मक़्तल, दुआ किए जाएं
दुआ के दिन हैं, मुसलसल दुआ किए जाएं।

कोई फ़ोग़ाँ, कोई नाला, कोई बुका, कोई बैन
खुलेगा बाबे-मुक़फ़्फ़ल, दुआ किए जाएं।

ये इज़्तराब, ये लम्बा सफ़र ये तन्हाई
ये रात और ये जंगल, दुआ किए जाएं।

बहाल होके रहेगी फ़िज़ाए-ख़ित्तए-ख़ैर
ये हब्स होगा मोअत्तल, दुआ किए जाएं।

गुज़िश्तगाने-मुहब्बत के ख़्वाब की सौगंध
वो ख़्वाब होगा मुकम्मल, दुआ किए जाएं।

हवाए-सरकशो-सफ़्फ़ाक के मुक़ाबिल भी
ये दिल बुझेंगे, न मशअल, दुआ किए जाएं।

गुबार उड़ती, झुलसती हुई ज़मीनों पर
उमड़ के आएंगे बादल, दुआ किए जाएं।

क़ुबूल होना मुक़द्दर है हर्फ़े-ख़ालिस का
हर एक आन, हर इक पल दुआ किए जाएं।

ख़्वाबे-देरीना[1] से रुख़्सत का सबब पूछते हैं
चलिए पहले नहीं पूछा था तो अब पूछते हैं।

कैसे खुश-तब्अ हैं इस शह्रे-दिल-आज़ार के लोग
मौजे-ख़ू सर से गुज़र जाती है तब पूछते हैं।

अहले-दुनिया का तो क्या ज़िक्र कि दीवानों को
साहबाने-दिले-शोरीदा की कब पूछते हैं।

ख़ाक उड़ती हुई रातें हों कि भीगे हुए दिन
अव्वले-सुब्ह के ग़म आख़िरे-शब पूछते हैं।

एक हम ही तो नहीं हैं कि उठाते हैं सवाल
जितने हैं ख़ाक-बसर[3] शह्र के सब पूछते हैं।

यही मजबूर, यही मोहर-ब-लब, बे आवाज़
पूछने पर कभी आएं तो ग़ज़ब पूछते हैं।

1. पुराना ख्वाब, 2. परेशान लोग, आशिक़, 3. परेशान।

○

हम अपने रफ़्तगाँ को याद रखना चाहते हैं
दिलों को दर्द से आबाद रखना चाहते हैं।

मबादा[1] मुन्दमिल[2] ज़ख़्मों की सूरत भूल ही जाएं
अभी कुछ दिन ये घर बरबाद रखना चाहते हैं।

बहुत रौनक़ थी उनके दम-क़दम से शहरे-जाँ में
वफ़ा पर इश्क़ की बुनियाद रखना चाहते हैं।

कहीं ऐसा न हो हर्फ़े-दुआ मफ़हूम खो दे
दुआ को सूरते-फ़रियाद रखना चाहते हैं।

क़लम आलूदए-नानो-नमक रहता है, फिर भी
जहाँ तक हो सके आज़ाद रखना चाहते हैं।

1. ऐसा नहीं, 2. भरने वाला ज़ख़्म।

○

दिल को दीवार करें, सब्र से वहशत करें हम
ख़ाक हो जाएं, जो रुसवाई को शोहरत करें हम।

इक क़यामत कि तुली बैठी है पामाली पर
ये गुज़र ले तो बयाने-क़दो-कामत करें हम।

हर्फ़े-तरदीद[1] से पड़ सकते हैं सौ तरह के पेच
ऐसे सादा भी नहीं हैं कि वज़ाहत करें हम।

दिल के हमराह गुज़ारे गए सब उम्र के दिन
शाम आई है तो क्या तर्के-मुहब्बत करें हम।

इक हमारी भी अमानत हैं तहे-ख़ाक यहाँ
कैसे मुमकिन है कि इस शह्र से हिजरत करें हम।

दिन निकलने को हैं चेहरे पे सजा ले दुनिया
सुब्ह से पहले हर इक ख़्वाब को रुख़्सत करें हम।

शौक़े-आराइशे-गुल का ये सिला है कि सबा
कहती फिरती है कि अब और न ज़हमत करें हम।

उम्र भर दिल में सजाए फिरे औरों की शबीह
कभी ऐसा हो कि अपनी भी ज़ियारत करें हम।

---

1. रद करना।

○

हुदूदे-जाँ से परे जा रहा है और तरफ़
लहू बदन को लिए जा रहा है और तरफ़।

गहे[1] ज़मीं की तरफ़ शाख़े-सुर्ख़रु की मिसाल
मिसाले-अब्र गहे जा रहा है और तरफ़।

गुबारे-जादए-बे-एतबार[2], आख़िरे-कार
तलाश करके मुझे जा रहा है और तरफ़।

मेरी तरह है मेरे शह्र का मुक़द्दर भी
बिखर-बिखर के बसे जा रहा है और तरफ़।

मैं एक और तरफ़ जा रहा हूँ ख़्वाब के साथ
ज़माना मुझको लिए जा रहा है और तरफ़।

महाज़[3] रात ने खोले हुए हैं दिल के ख़िलाफ़
मगर चिराग़ जले जा रहा है और तरफ़।

---

1. कभी, 2. बेएतबार रास्तों की गर्द, 3. मोर्चा।

○

हम न हुए तो कोई उफ़क़ महताब नहीं देखेगा
ऐसी नींद उड़ेगी फिर कोई ख़्वाब नहीं देखेगा।

नरमी और मिठास में डूबा यही मोहज़्ज़ब लहजा
तल्ख़ हुआ तो महफ़िल के आदाब नहीं देखेगा।

लहू रुलाते, ख़ाक उड़ाते मौसम की सफ़्फ़ाकी
देखते हैं कब तक यह शह्रे-गुलाब नहीं देखेगा।

बिफरे हुए दरिया को हवा का एक इशारा काफ़ी
कोई घर, कोई भी घर सैलाब नहीं देखेगा।

बेमानी मसरुफ़ उम्र की आख़िरी शाम का आँसू
एक सबब देखेगा, सब असबाव नहीं देखेगा।

इक हिजरत और एक मुसलसल दर-बदरी का क़िस्सा
सब ताबीरें देखेंगे, कोई ख़्वाब नहीं देखेंगा।

मुक़द्दर हो गया है बेदरो-दीवार रहना
कहीं तय पा रहा है शहर का मिसमार रहना।

नमूदे-ख़्वाब[1] के और इन्हेदामे-ख़्वाब[2] के बीच
क़यामत मरहला है दिल का नाहमवार रहना।

दिलों के दरमियाँ दूरी के दिन हैं और हमको
इसी मौसम में तन्हा बरसरे-पैकार रहना।

अंधेरी रात और शोरे-सगाने-कूए-दुश्मन[3]
और ऐसे में किसी इक आँख का बेदार रहना।

तमाशा करने वाले आ रहे हैं जूक़ दर जूक़[4]
गिरोहे पा-ब-जौलाँ[5] रक़्स को तय्यार रहना।

हवाए-कूए-क़ातिल बेअदब होने लगी है
चिराग़े-जादए-सिद्क़ो-सफ़ा[1] हुश्यार रहना।

ये दुश्वारी तो आसानी का ख़मियाज़ा है वरना
बहुत ही सहल था हमको बहुत दुश्वार रहना।

इधर कुछ दिन से इस बस्ती को रस आने लगा है
हम आशुफ़्तासरों के दरपए-आज़ार रहना।

---

1. स्वप्नों का दर्शन, 2. स्वप्नों का ढाया जाना, 3. बदनाम गली के कुत्तों का शोर, 4. झुंड, 5. पैरों में बेड़ी पहने लोग, 6. सच्चाई की राह का दिया।

कोई मुज़्दा, न बशारत, न दुआ चाहती है

कोई मुज़्दा[1], न बशारत, न दुआ चाहती है
रोज़ इक ताज़ा ख़बर ख़ल्क़े-ख़ुदा चाहती है।

मौजे-ख़ूँ सर से गुज़रनी थी सो वो भी गुज़री
और क्या कूचए-क़ातिल की हवा चाहती है।

शहरे-बेमेहूर में लब-बस्ता गुलामों की क़तार
नये आईने-असीरी की बिना चाहती है।

कोई बोले कि न बोले, क़दम उठ्ठे, न उठे
वो जो इक दिल में है दीवार उठा चाहती है।

हम भी लब्बैक[2] कहें और फ़साना बन जाएं
कोई आवाज़ सरे-कूए-निदा चाहती है।

यही लौ थी कि उलझती रही हर रात के साथ
अबके ख़ुद अपनी हवाओं में बुझा चाहती है।

अहदे-आसूदगिए-जाँ में भी था जाँ से अज़ीज़
वो क़लम, जो मेरे दुश्मन की अना चाहती हैं।

---

1. ख़ुशख़बरी, 2. उपस्थित होना।

बहरे-पामालिए-गुल आई है, और मौजे-ख़िज़ाँ
गुफ़्तगू में रविशे-बादे-सबा चाहती है।

ख़ाक को हमसरे-महताब किया रात की रात
ख़ल्क़ अब भी वही नक़्शे-कफ़े-पा चाहती है।

○

फ़िज़ा में वह्शते-संगो-सिनाँ के होते हुए
क़लम है रक़्स में आशोबे-जाँ के होते हुए।

हमीं में रहते हैं वो लोग भी कि जिनके सबब
ज़मीं बलन्द हुई आसमाँ के होते हुए।

बज़िद है दिल कि नए रास्ते निकाले जाएं
निशाने-रहगुज़रे-रफ़्तगाँ के होते हुए।

जहाने-ख़ैर में इक हुजरए-क़नाअतो-सब्र
ख़ुदा करे कि रहे जिस्मों-जाँ के होते हुए।

क़दम-क़दम पे दिले ख़ुश-गुमाँ ने खाई मात
रविश-रविश निगहे-मेहरबाँ के होते हुए।

मैं एक सिलसिलए-आतशीं में बैयत था
सो ख़ाक हो गया नमो-निशाँ के होते हुए।

मैं चुप रहा कि वज़ाहत से बात बढ़ जाती
हज़ार शेवए-हुस्ने-बयाँ के होते हुए।

बस एक ख़्वाब की सूरत कहीं है घर मेरा
मकाँ के होते हुए, लामकाँ के होते हुए।

दुआ को हाथ उठाते हुए लरज़ता हूँ
कभी दुआ नहीं माँगी थी माँ के होते हुए।

उलझ रही थी हवाओं से एक कश्तिए-हर्फ़
पड़ी है रेत पे आबे-रवाँ के होते हुए।

○

सितारावार जले फिर बुझा दिए गए हम
फिर उसके बाद नज़र से गिरा दिए गए हम।

अज़ीज थे हमें नौवारिदाने-कूचए-इश्क़
सो पीछे हटते गए रास्ता दिए गए हम।

शिकस्तों-फ़तूह के सब फ़ैसले हुए कहीं और
मिसाले-माले, ग़नीमत लुटा दिए गए हम।

ज़मीन फ़र्शे-गुलो-लाला से सजाई गई
फिर इस ज़मी की अमानत बना दिए गए हम।

दुआएं याद करा दी गईं थी बचपन में
सो ज़ख़्म खाते रहे और दुआ दिए गए हम।

स्कैंडिल

अबके जब आए तो इस तरह से आए मेरा दोस्त
जिस तरह शाम के अख़्बार में ख़बरें आएं

शहर का शहर निकाले हुए पत्थर निकले
हर नये जुर्म का इल्ज़ाम मेरे सर निकले

और फिर जुर्मे-मुहब्बत की पिज़ीराई[1] हो
जश्न का जश्न हो, रुस्वाई की रुस्वाई हो।

1. आवभगत।

निर्वाण

जिस्म के रास्तों से गुज़र कर
मुतमइन नफ़्स की आरज़ू में
जो भी निकला, वो वापस न आया
रुह की वहशतों में उलझ कर
मुतमइन नफ़्स की आरज़ू में
जो भी निकला, वो वापस न आया
लोग फिर देखते क्यों नहीं हैं
लोग फिर सोचते क्यों नहीं हैं
लोग फिर बोलते क्यों नहीं हैं

एक पल का फ़ासला

एक पल का फ़ासला है
इश्क़ और आवारगी के दरमियाँ बस एक पल का फ़ासला है
एक पल का फ़ासला है

शाख़े-गुल पर शबनमे-वारफ़्ता का पैह्म नुज़ूल!
हर्फ़े-पैमाँ दरमियाने-जिस्मो-जाँ!
मंज़िले-दस्ते-दुआ, बाबे—क़ुबूल
एक पल का फ़ासला है
इश्क़ और आवारगी के दरमियाँ बस एक पल का फ़ासला है।

○

तारे-शबनम की तरह सूरते-ख़स टूटती है
आस बंधने नहीं पाती है कि बस टूटती है।

आरजूओं का हुजूम और ये ढ़लती हुई उम्र
साँस उखड़ती है, न जंज़ीरें-हवस टूटती है।

गर्द इतनी कि सुझाई नहीं देता कुछ भी
शोर इतना है कि आवाज़े-जरस टूटती है।

मुन्हदिम होता चला जाता है दिल साल-ब-साल
ऐसा लगता है गिरह अबके बरस टूटती है।

बूए-गुल आए न आए मगर उश्शाक़ के बीच
इतनी वह्शत है कि दीवारे-क़फ़स टूटती है।

ज़िक्रे-अस्माए-इलाही[1] का है फ़ैज़ान कि अब
दम उलझता है, न तस्बीहे-नफ़स[2] टूटती है।

1. ईश्वर के नामों का पढ़ना, 2. साँसों की माला।

○

अब इसमें काविश कोई, न कुछ एहतमाम मेरा
हवाएं महफ़ूज़ कर रही है कलाम मेरा।

मैं कुछ करीमों के बाबे-नेमत से मुन्सलिक हूँ
सो ख़ुद-ब-ख़ुद हो रहा है सब इन्तज़ाम मेरा।

तो क्या यही इक गुमान है हर सुख़न की बुनियाद
कि हद्दे-तारे-नफ़स से आगे है नाम मेरा।

मैं सरकशी से सिपुर्दगी की तरफ़ चला हूँ
ख़ुदा जो चाहे तो ये भी बन जाए काम मेरा।

चला तो हूँ एक मंज़िले-ख़ुश-ख़बर की जानिब
अजब नहीं ये सफ़र भी हो नातमाम मेरा।

दिलों को ताराज करने आया था तमकनत से
पलट गया मुझ को देख कर ख़ुश-ख़ेराम मेरा।

जो लालओ-गुल को ख़ारो-खस से जुदा न कर पाए
हर ऐसे मौसम को दूर ही से सलाम मेरा।

ये क़त्लनामे पे दस्तख़त तो मेरे नहीं हैं
मगर ये ख़ल्क़े-ख़ुदा जो लेती है नाम मेरा।

ये मेरे दुश्मन युँही तो पस्पा नहीं हुए हैं
कोई तो है ले रहा है जो इन्तक़ाम मेरा।

○

यूँ तो नहीं कि दिल में अब कोई नई दुआ नहीं
हर्फ़े-दुआ तो है मगर ज़िक्र का हौसला नहीं।

देर बहुत ही देर तक याद किया गया उन्हें
वैसे पलट के देखना मेरा मिज़ाज था नहीं।

रात बस इक चिराग़ की लौ से रहा मुकालमा
सुबह न जाने कब हुई, कैसे हुई पता नहीं।

एक ज़रा सी बात है जिससे पड़े हैं सारे पेच
पेच भी वो कि दरमियाँ कोई भी दूसरा नहीं।

कैसी अजीब बात है, ज़ोमे-हुनर के बावजूद
रंग बिखर गए तमाम, नक़्श कोई बना नहीं।

जिसमें तमाम दिल की बात खुल के बयान कर सकूँ
एक सुख़न--वही सुख़न मुझ से कभी हुआ नहीं।

चेहरा-ब-चेहरा, लब-ब-लब, ख़्वाब-ब-ख़्वाब, दिल-ब-दिल
उम्र गुज़ार दी गई, कोई कहीं मिला नहीं।

मेरी बेयाज़े-इश्क़ में मतलए-अव्वले-ग़ज़ल
दर्ज तो कर लिया गया, वैसे कहीं पढ़ा नहीं।

दिल के मोआमलों के बीच उम्र कहाँ से आ गई
जाने-जहाने इफ़्तिख़ार! वक़्त अभी गया नहीं।

○

ख़ौफ़ के सैले-मुसलसल से निकाले मुझे कोई
मैं पयम्बर तो नहीं हूँ कि बचा ले मुझे कोई।

अपनी दुनिया के महो-मेहूर समेटे, सरे-शाम
कर गया जादए-फ़र्दा के हवाले मुझे कोई।

इतनी देर और तवक़्क़ुफ़ कि ये आँखें बुझ जाएं
किसी बेनूर ख़राबे में उजाले मुझे कोई।

किसको फ़ुसर्त है कि तामीर करे अज़ सरे-नौ
ख़ानए-ख़्वाब के मल्बे से निकाले मुझे कोई।

अब कहीं जाके समेटी है उमीदों की बिसात
वरना इक उम्र की ज़िद थी कि संभाले मुझे कोई।

क्या अजब ख़ेमए-जाँ तेरी तनाबें कट जाएं
इससे पहले कि हवाओं में उछाले मुझे कोई।

कैसी ख़्वाहिश थी कि सोचो तो हंसी आती है
जैसे मैं चाँहू उसी तरह बनाले मुझे कोई।

तेरी मर्ज़ी, मेरी तक़्दीर कि तन्हा रह जाऊँ
मगर इक आस तो दे पालने वाले मुझे कोई।

○

दिलों को जोड़ती है, सिलसिला बनाती है
हर इम्तहाँ में दुआ रास्ता बनाती है।

ये सैले-सरकशो-सफ़्फ़ाक का हदफ़, मेरे घर
कोई दिन और कि ख़ल्क़े-ख़ुदा बनाती है।

ये ज़िंदगी जो अभी धूप है, अभी साया
हर एक आन नया दायरा बनाती है।

हज़ार बार में देखा गया कि हिज्र की रात
बुझे चिराग़ की लौ ख़ुद हवा बनाती है।

सदा, सुकूत की मंज़िल में भी बशर्ते-ख़ुलूस
ज़माना कैसा भी हो, हमनवा बनाती है।

○

शबे-शेर में हुनर आशिकारा मेरा भी हो
उफ़क़े-कमाल पे इक सितारा मेरा भी हो।

ये जो इक जज़ीरए-खुश-ख़बर पे रुका है चाँद
कुछ अजब नहीं कि वहीं किनारा मेरा भी हो।

वो जो एक ख़्वाब के फ़ासले पे है रहगुज़र
उसी रहगुज़र पे गुज़र दोबारा मेरा भी हो।

मेरी मुस्तजाब दुआओं में ये दुआ भी थी
वो जो ख़्वाब देर से है तुम्हारा मेरा भी हो।

---

1. माना, गया, स्वीकार किया गया।

○

हमें ख़बर थी कि ये दर्द अब थमेगा नहीं
ये दिल का साथ बहुत देर तक रहेगा नहीं।

हमें ख़बर थी कोई आँख नम नहीं होगी
हमारे ग़म में कहीं कोई दिल दुखेगा नहीं।

हमें खबर थी कि इक रोज़ ये भी होना है
कि हम कलाम करेंगें कोई सुनेगा नहीं।

हमारी दर-बदरी जानती थी बरसों से
घर आएंगे भी तो कोई पनाह देगा नहीं।

हमारी त़रह न आएगा कोई नरग़े में
हमारी त़रह कोई क़ाफ़िला लुटेगा नहीं।

नमूदे-ख़्वाब की बातें, शिकस्ते ख़्वाब का ज़िक्र
हमारे बाद ये क़िस्से कोई कहेगा नहीं।

ग़रीबे-शह्र हो या शह्रयारे-हफ़्त-अक्लीम[1]
ये वक़्त है, ये किसी के लिए रुकेगा नहीं।

मगर चिराग़े-हुनर का मोआमला है कुछ और
ये एक बार जला है तो फिर बुझेगा नहीं।

1. पूरी दुनिया का बादशाह।

○

होके दुनिया में भी दुनिया से रहा और तरफ़
दिला किसी और तरफ़, दस्ते दुआ और तरफ़।

इक रजज़-ख़्वाँ, हुनरे-कासओ-कश्कोल में ताक़
जब सफ़आरा हुए लश्कर तो मिला और तरफ़।

ऐ ब-हर-लहर नये वह्म में उल्झे हुए शख़्स
मेरी महफ़िल में उलझता है तो जा और तरफ़।

अहले-तशहीरो-तमाशा के तिलिस्मात की ख़ैर
चल पड़े शहर के सब शोला-नवा और तरफ़।

क्या मुसाफ़िर था, सफ़र करता था इस बस्ती में
और लौ देते थे नक़्शे-कफ़े-पा और तरफ़।

शाख़े-मिज़ूगाँ से जो टूटा था सितारा सरे-शाम
रात आई तो वही फूल खिला और तरफ़।

○

ये नक़्श हम जो सरे-लौहे-जाँ बनाते हैं
कोई बनाता है, हम ख़ुद कहाँ बनाते हैं।

ये सुर, ये ताल, ये लै कुछ नहीं, बजुज़ तौफ़ीक़
तो फिर ये क्या है कि हम अरमोग़ाँ[1] बनाते हैं।

समंदर उसका, हवा उसकी, आसमाँ उसका
वो जिसके इज़्न से हम कश्तियाँ बनाते हैं।

ज़मीं की धूप, ज़माने की धूप, ज़ह्न की धूप
हम ऐसी धूप में भी सायबाँ बनाते हैं।

ख़ुद अपनी ख़ाक से करते हैं मैजे-नूर कशीद[2]
फिर उससे एक नई कहकशाँ बनाते हैं।

कहानी जब नज़र आती है ख़त्म होती हुई
वहीं से एक नई दस्ताँ बनाते हैं।

खुली फ़िज़ा में ख़ुश-आवाज़ तायरों के हुजूम
मगर वो लोग जो तीरो-सिनाँ बनाते हैं।

"पलट के आए ग़रीबुल-वतन, पलटना था"
ये देखना है कि अब घर कहाँ बनाते है।

---

1. सौग़ात, 2. खींचना, निकालना।

○

दोस्त क्या ख़ुद को भी पुरसिश की इजाज़त नहीं दी
दिल को ख़ूँ होने दिया, आँख को ज़हमत नहीं दी।

हम भी उस सिलसिलए-इश्क़ में बैअत हैं जिसे
हिज्र ने दुख न दिया, वस्ल ने राहत नहीं दी।

हम भी इक शाम बहुत उल्झे हुए थे दिल से
एक शाम उसको भी हालात ने मोहलत नहीं दी।

बेवफ़ा दोस्त कभी लौट के आए तो उन्हें
हमने इज़हारे-निदामत की भी मोहलत नहीं दी।

दिल कभी ख़्वाब के पीछे, कभी दुनिया की तरफ़
एक ने अज्र दिया, एक ने उजरत नहीं दी।

एहतिजाज

.....और सुना है
एक चमगादड़ चमेली के महकते कुंज में दम तोड़ती
देखी गई है
सुना है ख़ुशबुओं में उसका दम घुटने लगा था
और नन्हें फूल सूरज बनकर उसकी बेयक़ीन
आँखों में उतरे जा रहे थे
उधर बस्ती के इक वीरान और सुनसान क़ब्रिस्तान
में चिमगादड़ों का एक जलसा हो रहा है
हर तरफ़ एक ही आवाज़ आए जा रही है
एक ही नारा सुनाई दे रहा है
"सियह रातों के परवरहदा परन्दों को चमेली के महकते कुंज
का इनआम मिलना चाहिए
हर इक सूरज को रस्ते में गुबारे-शाम मिलना चाहिए!"

टेम्स के साहिल पर

टेम्स के साहिल पे इक चेहरा मेरी आँख़ों में लौ देने लगा तब मैंने देखा
अपने मटियाले समन्दर के किनारे
एक ऐसी ही सलोनी शाम भी, तुम साथ थे, चुप-चाप थे
और आँखों ही आँखों में सब कुछ कह रहे थे
जाने क्या कुछ कह रहे थे
ऐसा लगता था कि सारे अनफ़ुसो-आफ़ाक़[1] हम पर मेहूरबाँ होने को हैं
हम जावेदाँ होने को हैं
उस घड़ी यह कौन कह सकता था हम ख़्वाबों की ताबीरों के बजरे
कौन से साहिला पे होंगे
धूप जब पेड़ों से उतरेगी तो किस मंज़िल पे होंगे
और अब इतने बरस का फ़ासला है
वो भी अपने हाल की आईनादारी में मगन है
बंधनों के सेहूर[2] में खोया हुआ है
और इधर भी टेम्स के साहिल पे इक चेहरा मेरी आँखों में लौ देने लगा है।

---

1. सारी दुनियाएं और लोग, 2. जादू।

झूठ

हमारे इस जहाज़ में
सुना है ऐसे लोग है कि जिनकी ज़िंदगी के दिन
खिले हुए गुलाब हैं
सजे हुए चिराग़ हैं
गुलाब! जिनकी निकबतों[1] के क़ाफ़िले रवाँ-दवाँ
चिराग़ चार सू बिखेरते हुए तजल्लियाँ
सुना है ऐसे लोग हैं हमारे इस जहान में
खुदा करे कि हों मगर
न जाने क्यों मुझे ये लग रहा है जैसे झूठ है।

---

1. बदहाली।

एक सवाल

मेरे आबाओ-अजदाद ने हुरमते-आदमी के लिए
ता-अबद रोशनी के लिए
कल्मए-हक़ कहा
मक़्तलों, क़ैदखानों, सलीबों में बहता लहू उनके होने का एलान
करता रहा
वो लहू हुरमते-आदमी की ज़मानत बना
ता-अबद रोशनी की अलामत बना
और मैं पा-बरहना सरे कूचए-एहतिजाज
रिज़्क थी मस्लहत का असीर आदमी
सोचता रह गया
जिस्म में मेरे उनका लहू है तो फिर ये लहू बोलता क्यों नहीं।

○

कोई सबब है जो तारीक शब हुई हैं मियां
किसी की शह पे हवा बेअदब हुई है मियां

इस एहतिमाम से अहूले-नज़र की रुस्वाई
हुई न थी कभी पहले, जो अब हुई है मियां।

अजब नहीं दरो-दीवारे-शहूर पर भी हो नक़्श
ये गुफ़्तगू जो अभी ज़ेरे-लब हुई है मियां।

बिसाते-ख़्वाब उलटने की बात, अख़िरी बात
हम उठ के आए हैं महफ़िल से तब हुई है मियां।

निशानो-ख़िलअतो-मंसब का ज़िक्र क्या कि यहाँ
ब-कारे-इश्क़ भी अर्ज़ी तलब हुई हुई है मियां।

हम अपने दिल की ही आज़ुर्दगी न कम कर पाए
ये ख़ल्क़ हमसे ख़फ़ा बेसबब हुई है मियां।

थकन तो अगले सफ़र के लिए बहाना था
उसे तो यूँ भी किसी और सम्त जाना था।

वही चिराग़ बुझा जिसकी लौ क़यामत थी
उसी पे ज़र्ब पड़ी, जो शजर पुराना था।

मताए-जाँ का सबब एक पल की सरशारी
सुलूक ख़्वाब का आँखों से ताजिराना था।

हवा की काट शगूफों ने जज़्ब कर ली थी
तभी तो लह्जए-खुशबू भी जारेहाना था।

वही फ़िराक़ की बातें, वही हिकायते-वस्ल
नई किताब का इक-एक वरक़ पुरना था।

क़बाए-ज़र्द निगारे-ख़िज़ाँ पे सजती थी
तभी तो चाल का अंदाज़ खुसरवाना था।

○

रंग था, रोशनी था, क़ामत था
जिस पे हम मर मिटे क़यामत था।

खुश-जमालों में धूम थी अपनी
नाम उसका भी वजूहे-शोहरत था।

पासे-आवारगी हमें भी बहुत
उसको भी एतराफ़े-वहूशत था।

हम भी तकरार के न थे ख़ूगर[1]
वो भी ना आश्नाए-हुज्जत था।

ख़्वाब ताबीर बन के आते थे
क्या अजब मौसमे-रिफ़ाक़त था।

अपने लहजे का बांकपन सारा
उसके पिन्दार[2] की अमानत था।

उसके कुन्दन बदन का रुप-सरुप
हुस्ने-एहसास की बदौलत था।

एक-इक साँस क़ुर्बतों की गवाह
हर नफ़स लम्हाए-ग़नीमत था।

और फिर यूँ हुआ कि टूट गया
वो जो इक रिश्तए-मुहब्बत था।

---

1. आदी, 2. घमंड।

○

एक और ताज़ियानए-मंज़र लगा हमें
आ,ऐ हवाए-ताज़ा! नए पर लगा हमें।

नद्दी चढ़ी हुई थी तो हम भी थे मौज में
पानी उतर गया तो बहुत डर लगा हमें।

दिल पर नहीं यक़ी था सो अबके महाज़ पर
दुश्मन का एक सवार भी लश्कर लगा हमें।

गुड़ियों से खेलती हुई बच्ची की गोद में
आँसू भी आ गया तो समन्दर लगा हमें।

बेटा गिरा जो सर से पतंगों के फेर में
कुल आसमाँ पतंग बराबर लगा हमें।

○

आसमानों पर नज़र कर अंजुमो-महताब देख
सुब्ह की बुनियाद रखनी है तो पहले ख़्वाब देख।

हम भी सोचेंगे दुआए-बेअसर के बाब में
इक नज़र तू भी तज़ादे-मेम्बरो-मेहराब देख।

दोश पर तरकश पड़ा रहने दे, पहले दिल संभाल
दिल संभल जाए तो सूए-सीनए-अहबाब देख।

मौजए-सरकश कनारों से छलक जाए तो फिर
कैसी-कैसी बस्तियाँ आती है ज़ेरे-आब देख।

बूँद में सारा समन्दर, आँख में कुल कायनात
एक मुश्ते-ख़ाक में सूरज की आबो-ताब देख।

कुछ क़लन्दर-मशरबों से राहो-रस्मे-इश्क़ सीख
कुछ हम आशुफ़्ता-मिज़ाजों के अदब—आदाब देख।

शब को ख़त्ते-नूर में लिक्खी हुई ताबीर पढ़
सुब्ह तक दीवारे-आइन्दा में खुलते बाब देख।

इफ़्तिख़ार आरिफ़ के तुन्दो-तेज़ लहजे पर न जा
इफ़्ताख़ार आरिफ़ की आँखों में उलझते ख़्वाब देख।

○

ये क्या कि ख़ाक हुए हम जहाँ, वहीं के नहीं
जो हम यहाँ के नहीं हैं तो फिर कहीं के नहीं।

वफ़ा सरिश्त[1] मे होती तो सामने आती
वो क्या फ़लक से निभाएंगे जो ज़मीं के नहीं।

हवा की गर्म-ख़िरामी से पड़ रहे हैं भँवर
ये पेचो-ताब किसी मौजे-तहनशीं के नहीं।

तमाम उम्र फिरे दर-बदर कि घर हो जाए
घरों में रहना भी तक़्दीर में उन्हीं के नहीं।

बिखर रहे हैं जो आँसू बग़ैर-मिन्नते-दोस्त
वो दामनों की अमानत हैं, आस्तीं के नहीं।

---

1. स्वभाव।

○

कुछ भी नहीं, कहीं नहीं ख़्वाब के अख़्तियार में
रात गुज़ार दी गई सुब्ह के इन्तज़ार में।

बाबे-अता के सामने अह्ले-कमाल का हुजूम
जिनकों था सरकशी पे नाज़, वो भी उसी क़तार में।

जैसे फ़सादे-ख़ून से जिल्दे-बदन पे दाग़े-बर्स
दिल की सियाहियाँ भी है, दामने-दाग़दार में।

आएगा, आएगा वो दिन, होके रहेगा सब हिसाब
वक़्त भी इन्तज़ार में, ख़ल्क़ भी इन्तज़ार में।

जैसी लगी थी दिल में आग, वैसी ग़ज़ल बनी नहीं
लफ़्ज़ ठहर नहीं सके दर्द की तेज़ धार में।

○

मिलेगी दादे-फ़ोग़ाँ क्या, हमें नहीं मालूम
कहेंगे अहले जहाँ क्या, हमें नहीं मालूम।

हमें तो बस युहीं जलना है, ख़ाक होना है
चिराग़ क्या है, धुवाँ क्या हमें नहीं मालूम।

हमें तो एक ही मौसम है रास, मौसमे दर्द
बहार क्या है, ख़िज़ाँ क्या, हमें नहीं मालूम।

पसे-गुबार है क्या, कुछ ख़बर नहीं हमको
अमाँ है कौन, निहाँ क्या हमें नहीं मालूम।

वो जिनकी तेग़ भी, दामन भी, आस्तीं भी है सुर्ख़
वहीं मिलेगी अमाँ क्या हमें नहीं मालूम।

○

ये जो गिरती हुई दीवार सँभाले हुए हैं
ख़ल्क़ कहती है उसी घर के निकाले हुए हैं।

शहरे-जाँबख़्श! हमें तू तो हिक़ारत से न देख
जैसे भी हैं तेरी आग़ोश के पाले हुए हैं।

कूचा-गर्दी की हवस है, न तमन्ना, न दिमाग़
फिर ये क्या है कि जो अब पाँव में छाले हुए हैं।

बारिशें जिनकी अमानत हैं, वो बादल हों कि रेत
सब किसी एक समन्दर के उछाले हुए हैं।

पस्पा होते हुए लश्कर के सिपाही मेरे लफ़्ज़
बुझते-बुझते भी ज़माने को उजाले हुए हैं।

पहले फ़ुर्सत ही कहाँ थी कि तमाशा करते
दिल ने ज़िद की है तो अब देखने वाले हुए हैं।

जिनके हम दश्त-नवर्दों का भरम क़ायम था
अब वो चश्मे भी समन्दर के हवाले हुए हैं।

मीरो-ग़ालिब की तरह शह्र में रुसवा होंगे
दोनों हाथों से जो दस्तार संभाले हुए हैं।

दिन गुज़रा आशुफ़्तासर ख़ामोश हुए
शाम हुई और बामो-दर ख़ामोश हुए।

शाम हुई और सूरज रस्ता भूल गया
कैसे हंसते-बसते घर ख़ामोश हुए।

बोलती आँखें चुप दरिया में डूब गई
शहर के सारे तोहमतगर ख़ामोश हुए।

कैसी-कैसी तस्वीरों कें रंग उड़े
कैसे-कैसे सूरतगर ख़ामोश हुए।

खेल-तमाशा बरबादी पर ख़त्म हुआ
हंसी उड़ाकर बाज़ीगर ख़ामोश हुए।

कच्ची दीवारें बारिश में डूब गईं
बीती रूत के सब मंज़र ख़ामोश हुए।

अभी गया है कोई मगर यूँ लगता है
जैसे सदियाँ बीतीं, घर ख़ामोश हुए।